Deutschbuch

Gymnasium G9
Nordrhein-Westfalen

9

Arbeitsheft

Herausgegeben von
Cordula Grunow und Andrea Wagener

Erarbeitet von
Angela Mielke, Deborah Mohr,
Christoph Fischer, Donata Greis,
Katharina Jansen und Andrea Wagener

Cornelsen

Inhaltsverzeichnis

So arbeitest du mit der Übersicht im Inhaltsverzeichnis:
Trage in die Spalte „bearbeitet am" das Datum ein, an dem du die Übung gemacht hast.
Überprüfe deine Lösungen mit dem Lösungsheft und trage dann ein, wie dir die Übungen gelungen sind:
☺ gut gemacht ☹ das meiste richtig ☹ häufig unsicher

⊕ Dieses Symbol kennzeichnet im Arbeitsheft knifflige Aufgaben oder Aufgaben für Schnellere.

Materialgestützt informieren

Einen Informationstext untersuchen

Information **Einen Informationstext verfassen**

- In einem Informationstext fasst du knapp und gut **verständlich die wichtigsten Informationen über ein Thema** (z. B. Roboter) zusammen.
- Gliedere deinen Text in **Einleitung** (z. B. Einführung in ein Thema), **Hauptteil** (über einzelne Aspekte oder Fragen zum Thema informieren) und **Schluss** (z. B. Zusammenfassung, Ausblick). Verdeutliche diese Gliederung durch Absätze.
- Stelle die Informationen verständlich dar. **Beschreibe und erkläre** wichtige Zusammenhänge oder (Fach-)Begriffe.
- Formuliere **sachlich** und in **eigenen Worten.** Mache dir auch klar, wer deine **Adressaten** (Jugendliche, Erwachsene usw.) sind: Welches Vorwissen zum Thema haben sie? Wie musst du dich sprachlich ausdrücken?

1 **a** **Lies das Merkwissen oben und danach den folgenden Informationstext.**
b **Untersuche dann mit Hilfe der Aufgaben auf Seite 5, inwiefern dieser Informationstext gelungen ist.**

„Wünschen Sie mit einem Kundenberater verbunden zu werden, dann drücken Sie bitte die Eins": Diese und ähnliche Ansagen habt ihr bestimmt auch schon gehört, wenn ihr beim Kundenservice eines Online-Versandhandels angerufen habt. Doch wisst ihr auch, dass hinter diesen Ansagen keine menschlichen Service-Mitarbeiter/-innen stecken, sondern sogenannte Chatbots?
Chatbots (von engl. „to chat" = sich unterhalten und „bot" = Roboter) sind Kommunikationsroboter, die geschriebene oder gesprochene Sprache verstehen und auf diese reagieren können. Grundlage hierfür ist ein Software-System, das mit einer Texterkennung arbeitet. Es durchsucht die Kundenanfragen nach bestimmten Schlagworten und Phrasen und gleicht diese mit einer riesigen Datenbank ab, auf der eine Vielzahl passender Antworten abgespeichert wurden. Sind auf dieser Datenbank Informationen hinterlegt, die zu den Schlagworten der Kundenanfrage passen, kann der Chatbot eine Antwort liefern.
Wie sieht es mit Einsatzmöglichkeiten solcher Chatbots aus? Es gibt unzählige Bereiche, in denen Chatbots eingesetzt werden können, die häufigste Anwendung liegt aber im Bereich des Kundenservice: Im Online-Handel können Chatbots häufig wiederkehrende Kundenfragen beantworten oder bei der Buchung von Reisen, Zugfahrten, Flügen oder Hotels behilflich sein. Daneben ist es heute auch schon möglich, via Chatbot Essen zu bestellen, ein Taxi zu ordern oder Blumen zu versenden. Auch zum Sprachenlernen können Chatbots eingesetzt werden. So arbeiten einige Sprachlern-Apps bereits mit Chatbots, mit denen sich die User/-innen in der jeweiligen Fremdsprache unterhalten können.
Während in Asien und Amerika die Kommunikation mit Chatbots gefragt und akzeptiert ist, stehen nach einer Umfrage des Online-Portals „Statista" die Menschen in Deutschland der Mensch-Maschine-Kommunikation skeptisch gegenüber: Rund 60 Prozent ist diese Art der Kommunikation zu unpersönlich und über 40 Prozent finden die Spracherkennung zu ungenau. Jeder Sechste gibt sogar an, sich bei der Chatbot-Kommunikation beobachtet zu fühlen.

Chatbots können bei einfachen Kundenanfragen und Bestellungen sicherlich eine große Hilfe sein, weil sie zu jeder Zeit erreichbar sind. Aber wenn es darum geht, etwas schwierigere Probleme zu lösen, sind nach wie vor menschliche Kundenberater/-innen gefragt, die eine individuelle Problemlösung anbieten können.

2 **In deinem Informationstext informierst du über Aspekte eines Themas, die in der Aufgabenstellung vorgegeben werden.**

a **Kreuze die drei Aspekte an, über die im Hauptteil des Informationstextes (▶ Z. 5–24) informiert wird.**

b **Gib mit Zeilenangaben an, in welchem Textabsatz die jeweilige Frage beantwortet wird.**

- ☐ Das sind Chatbots und so funktionieren sie. Z. ____
- ☐ Wer programmiert Chatbots? Z. ____
- ☐ Hier werden Chatbots überall eingesetzt. Z. ____
- ☐ Vor- und Nachteile von Chatbots Z. ____
- ☐ Welche Akzeptanz haben Chatbots in Deutschland? Z. ____

3 **In einem Informationstext werden auch wichtige (Fach-)Begriffe und Sachverhalte erklärt. Kreuze an, welche Aussagen richtig sind.**

		richtig	falsch
A	Im Text wird erklärt, aus welchen Worten der Fachbegriff „Chatbot" gebildet ist.	☐	☐
B	Im Text wird dargestellt, welche Funktion Chatbots in Sprachlern-Apps übernehmen.	☐	☐
C	Im Text wird erklärt, wie Online-Handel funktioniert.	☐	☐
D	Der Text nennt Gründe, warum Chatbots in Deutschland eher unbeliebt sind.	☐	☐
E	Der Text nennt Gründe, warum Chatbots in Asien sehr gefragt sind.	☐	☐

4 **Für das Schreiben eines Informationstextes bekommst du verschiedene Materialien (z. B. Texte und Grafiken). Markiere im Mustertext (▶ Seite 4) die Passagen, in denen der Bezug auf das verwendete Material deutlich wird.**

5 **a** **An wen richtet sich der Informationstext? Kreuze die richtige Lösung an:**

☐ Erwachsene ☐ Jugendliche ☐ Fachleute aus der Informatikbranche

b **Begründe deine Entscheidung. An welcher Stelle im Text wird deutlich, wer die Adressaten sind?**

____

____

____

6 **Formuliere eine treffende Überschrift für den Informationstext. Schreibe sie auf die Zeile über dem Text auf Seite 4.**

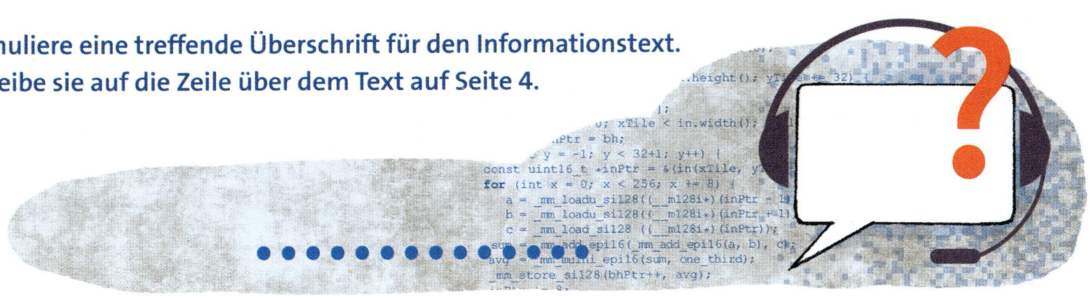

Einen Informationstext verfassen

Information **Schritt für Schritt einen Informationstext verfassen**

Beim Verfassen eines Informationstextes erhältst du verschiedene Materialien (z. B. Texte und Grafiken), die du für deinen Text verwenden kannst. Gehe so vor:

1 Kläre, was die **Aufgabenstellung** von dir verlangt: Um welches Thema geht es? Welche Aspekte sollst du berücksichtigen? Wer sind die Leser/-innen? Was bedeutet das für deinen Text?

2 Lege dir eine **Stoffsammlung** für deinen Text an: Suche aus den Materialien die Informationen heraus, die für die Bearbeitung der Aufgabe wichtig sind.

3 Schreibe den **Informationstext:** Gliedere ihn in **Einleitung** (Einführung in das Thema), Hauptteil (über Aspekte in der Aufgabenstellung informieren) und **Schluss** (Zusammenfassung, Ausblick).
- Stelle die Informationen verständlich dar. **Beschreibe und erkläre** wichtige Zusammenhänge und (Fach-)Begriffe. Mache diese **Zusammenhänge** auch sprachlich deutlich, z. B. durch Satzverknüpfungen und Überleitungen (*weil, obwohl, daher, interessant ist*).
- Formuliere **sachlich** und in **eigenen** Worten. Schreibe vorwiegend im **Präsens.**

1 **Lies die folgende Aufgabenstellung und markiere die Aspekte, die du in deinem Informationstext berücksichtigen musst. Ein Anfang ist schon vorgegeben.**

Während der Projektwoche „Der Mensch im Jahr 2040“ sollst du für eure Schülerzeitung einen Artikel zum Thema „Autonomes Fahren – die Fahrzeuge von morgen“ schreiben. Verfasse mit Hilfe der Materialien M1–M3 (▸ S. 6–9) einen Text, in dem du
- erläuterst, welche Vorteile das autonome Fahren laut einem Experten mit sich bringen würde,
- beschreibst, welche Schwächen und Probleme es bei selbstfahrenden Autos noch gibt,
- erklärst, welche Akzeptanz selbstfahrende Autos in der Gesellschaft haben und wie das Vertrauen in diese Technik gestärkt werden könnte.

2 **Verschaffe dir nun einen Überblick über die Materialien (▸ S. 6–9), indem du sie zügig liest.**

M1

Autonomes Fahren: Experte hält Roboterbusse für gute Idee

Selbstfahrende Autos sind das Zukunftsthema der Autobranche. Am Rande des Sparkassen-Forums sprachen wir mit Prof. Eckard Minx unter anderem über Roboterbusse beim Hessentag.

Herr Professor Minx, jeder Autohersteller, der etwas auf sich hält, beschäftigt sich längst mit selbstfahrenden Autos. Wann werden die ersten serienreifen Roboterautos durch Waldhessen fahren?

Wenn ich das so genau wüsste (*lacht*). Im Ernst: Das steht noch in den Sternen. Die Technik ist heute zwar schon so weit, dass Fahrzeuge autonom fahren, also ohne Lenkrad, ohne Pedal, ohne Fahrer, allerdings nur in bestimmten Situationen, z. B. im Bereich niedriger Geschwindigkeiten und auf abgesperrten Arealen: in Containerhäfen, im Bergbau und in der Landwirtschaft. Da der Straßenverkehr jedoch viel komplexer ist, sind noch technische und rechtliche Fragen zu klären.

Seitdem Carl Benz vor 133 Jahren das Automobil erfunden hat, haben sich die Fahrzeuge technisch immer weiterentwickelt. Eines ist aber bis heute geblieben: Am Steuer sitzt stets ein Mensch. Was spricht plötzlich dagegen?

Der Mensch ist für 90 Prozent der tödlichen Unfälle verantwortlich. Die Menschen werden immer älter. Wer alt ist, hat nicht mehr dieselbe Leistungsfähigkeit im Straßenverkehr. Viele Menschen trinken Alkohol und setzen sich trotzdem ans Steuer, andere nehmen Drogen, wieder andere fahren zu schnell oder sehr aggressiv. Das alles ist hochgradig gefährlich. Wenn es uns gelänge, von den jährlich 3215 Verkehrstoten in Deutschland mehr als 90 Prozent durch den Einsatz autonomer Systeme auszuschließen, wäre das ein entscheidender Fortschritt.

Aber wie viel sicherer kann eine von Menschen entwickelte Technik sein?

Sie kann zumindest einiges ausschließen: Sie trinkt nicht, ist nicht aggressiv und wird nicht alt. Es gibt also gute Gründe, die dafürsprechen, dass die Technik dem Menschen in vielen Situationen überlegen ist, etwa bei Routinen. Richtig ist auch, dass es noch eine große Herausforderung ist, die Technik so zu entwickeln, dass sie alle Objekte im Straßenverkehr richtig erkennt und interpretiert, sei es bei Nebel, Schnee, Regen oder Dunkelheit. Da ist der Mensch der Technik noch voraus.

Abgesehen vom Sicherheitsaspekt: Worin sehen Sie den größten gesellschaftlichen Nutzen selbstfahrender Autos?

Alle Menschen, die bisher nicht selber fahren dürfen oder können, etwa ältere, behinderte und gebrechliche Menschen, würden plötzlich mobil werden. Auch Kinder könnten solche Fahrzeuge nutzen, um sicher in die Schule zu kommen. Man könnte zudem all das tun, was wir heute während einer Zugfahrt oder einer Flugreise machen können: Zeitung lesen, fernsehen, ausruhen. Hinzu kommt, wenn alle Autos untereinander permanent kommunizieren, dass auch ein erheblicher Teil der Staus vermieden werden könnte.

In Ihrem Buch „Autonomes Fahren" schreiben Sie, selbstfahrende Autos setzten ein Ethik-Setting voraus. Was meinen Sie damit?

Computergesteuerte Autos müssen ethischen Prinzipien genügen. Niemand darf in kritischen Verkehrssituationen gegenüber anderen bevorzugt werden, egal, wie alt oder wie vermögend er ist oder welcher Nationalität er angehört. Zudem gilt: Die Vermeidung von Personenschäden hat immer Vorrang vor Sachschäden. Und wenn sich das System in einer Situation nicht entscheidungssicher ist, dann muss es sich umgehend selbst stilllegen.

Das hat im vergangenen Jahr im US-Bundesstaat Arizona tragischerweise nicht funktioniert. Ein selbstfahrendes Auto tötete bei einer Testfahrt eine Passantin, die eine Straße überqueren wollte. Hat dieser Unfall Ihre Meinung zu selbstfahrenden Autos verändert?

Nein, weil ich glaube, dass dieser Fall vielmehr zeigt, dass der maschinelle Umgang mit widersprüchlichen Situationen noch nicht ausreichend erprobt ist.

Selbstfahrende Busse – eine smarte Idee?

Wenn die Busse mit niedriger Geschwindigkeit fahren und wenn sie klar definierte Busspuren haben, ist das eine sehr gute Idee, um zu lernen, wie Verkehrsteilnehmer damit umgehen.

Ohne Fahrer?

Nein. Da es sich ja um ein erstes Experiment handelt, würde ich immer einen Fahrer in den Bus setzen. Das steigert das Sicherheitsgefühl der Menschen, hilft bei der Akzeptanz, und er kann Fragen zur Nutzung beantworten.

M2

Vertrauen wir dem Roboterauto?

Von Martin A. Bartholdi

Damit autonome Autos den Durchbruch schaffen, braucht es nicht nur funktionierende Technik und die rechtlichen Rahmenbedingungen. Wir müssen den Roboterautos auch vertrauen können. Wie lässt sich dieses Vertrauen aufbauen?

Wir steigen bedenkenlos zu einem Freund ins Auto und lassen ihn fahren. Sogar an völlig Fremde geben wir die Kontrolle kurzzeitig bereitwillig ab, wenn wir in ein Taxi oder einen Bus einsteigen. Nur bei autonomen Autos kommt das für viele noch nicht in Frage. Sie zweifeln an der Sicherheit und vertrauen der Technik nicht. Wie lässt sich das ändern? Einerseits durch Gewöhnung und andererseits durch eine gute Kommunikation.

Heute ist die Kommunikation zwischen Auto und Fahrer recht einseitig, weiß der Verkehrspsychologe und Sprecher der Schweizer Vereinigung für Verkehrspsychologie, Uwe Ewert (61). „Wir sagen dem Auto über Lenkrad und Pedale, wo es langgeht."

Aber schon heute entwickelt sich diese Kommunikation durch intelligente Sprachassistenten weiter. In Zukunft dürfte es ganz normal sein, dass wir uns mit unserem Auto unterhalten, und das schafft Vertrauen, weil wir eine Beziehung zum Auto aufbauen.

Eine Gewöhnung ans autonome Fahren brauche Zeit: „Wenn wir dem Auto die Kontrolle geben, haben wir zu Beginn noch Zweifel, ob es funktioniert und sind sehr aufmerksam", sagt Ewert. „Wenn wir aber stundenlang ohne Probleme fahren, gewöhnen wir uns an das System und vertrauen ihm zunehmend mehr." Bei komplett autonomen Autos ist das notwendig, damit wir das Fahrzeug entspannt nutzen können. Trotzdem werden nicht alle Menschen den autonomen Autos gleich leicht vertrauen.

„Studien zeigen, dass Männer der Technik eher vertrauen als Frauen", sagt Ewert. Dazu haben auch Alter und Bildung einen Einfluss. So stehen Jüngere der Technik eher offener gegenüber, ebenso Ältere, die dadurch ihre Unabhängigkeit erhalten können. „Menschen mit höherem Bildungsgrad vertrauen autonomen Autos ebenfalls eher, weil sie die technischen und rechtlichen Mechanismen dahinter besser verstehen", erklärt Ewert.

Die psychologisch größte Herausforderung am autonomen Fahren wird sein, dass wir lernen, die Verantwortung abzugeben. Das fällt uns am leichtesten, wenn wir einen Nutzen darin sehen. Sprich: Erst wenn wir das Auto nicht mehr überwachen müssen und die Zeit anderweitig zum Arbeiten, Lesen oder für sonstige Unterhaltung nutzen können.

M3

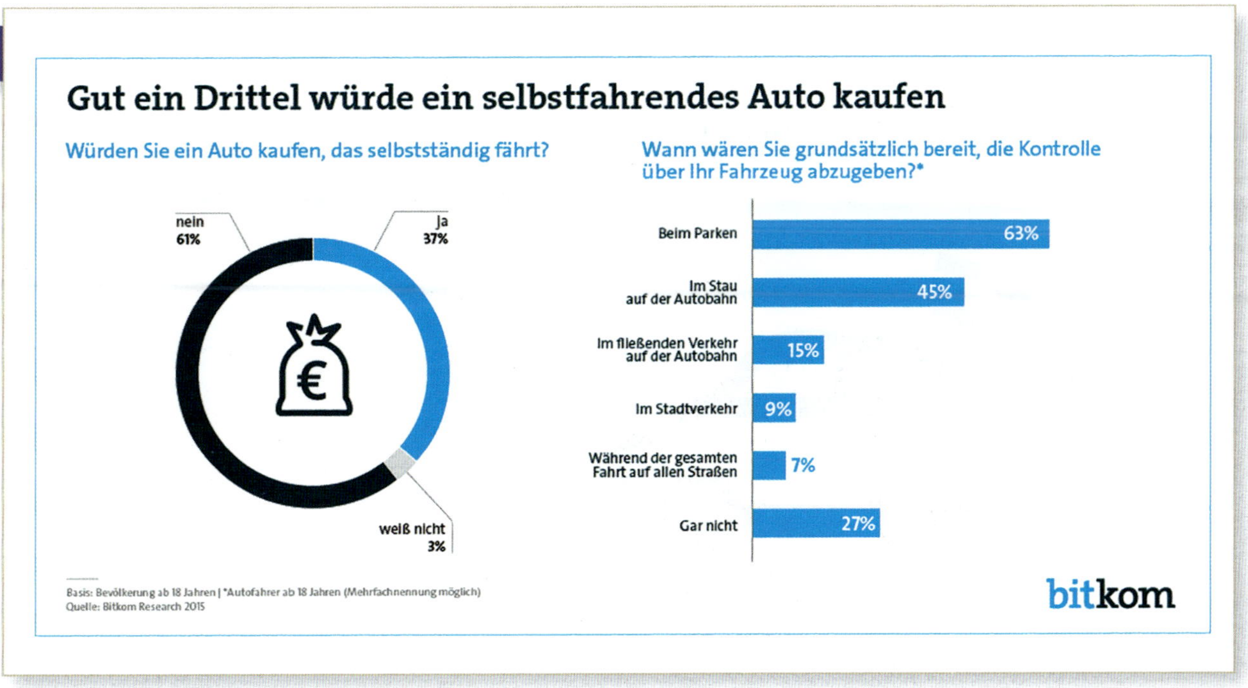

3 Markiere in den Texten (M1 und M2) mit verschiedenen Farben die Informationen, die du für deinen eigenen Text verwenden kannst. Nutze für die einzelnen Teilaufgaben unterschiedliche Farben: Einige Markierungen sind schon vorgegeben.

- Erläutere, welche Vorteile das autonome Fahren laut einem Experten mit sich bringen würden = orange.
- Beschreibe, welche Schwächen und Probleme es bei selbstfahrenden Autos noch gibt = grün.
- Erkläre, welche Akzeptanz selbstfahrende Autos in der Gesellschaft haben und wie das Vertrauen in diese Technik gestärkt werden kann = blau.

4 Werte die Grafik (▶ M3, oben) aus. Notiere die Informationen, die du für deinen Text verwenden kannst.

Die Grafik zeigt, dass Akzeptanz

5 **Ergänze im folgenden Schreibplan für den Hauptteil stichpunktartig die passenden Informationen aus den Texten (► M1, M2). Nutze deine Markierungen.**

1. Vorteile des autonomen Fahrens

2. Schwächen und Probleme bei selbstfahrenden Autos

3. Akzeptanz von selbstfahrenden Autos und Möglichkeiten zur Herstellung von Vertrauen

6 a Verfasse mit Hilfe deines Schreibplans (▶ S. 9) und deiner Vorarbeiten einen zusammenhängenden Informationstext zum Thema „Autonomes Fahren". Schreibe in dein Heft.

- Formuliere leserfreundlich und mache Zusammenhänge durch passende Überleitungen und Satzverknüpfungen (▶ siehe Kasten rechts) deutlich.
- Du kannst die folgenden Satzanfänge zu Hilfe nehmen. Für den Schlussteil sind dir zwei Anfänge vorgegeben.

Erstens • Zweitens • Ein anderer Punkt ist • Vor allem • Darüber hinaus • Schaut man auf • Eine Grafik zeigt • Betrachtet man • Laut / Nach Einschätzung von ... • Das bedeutet • deshalb • da • weil • denn • indem • um ... zu • sodass • trotzdem • obwohl • zum Beispiel

Einleitung (Einführung ins Thema)	Autos und Busse rollen fahrerlos über die Straßen, die Fahrerin schläft oder schreibt eine Mail, während das Auto sich selbst steuert. Autonomes Fahren heißt diese Technik ...
Hauptteil (Über Aspekte der Aufgabenstellung zusammenhängend informieren)	Autonome Fahrzeuge brächten einige Vorteile mit sich, meinen Experten wie ..., denn die Technik sei dem Menschen in vielen Bereichen überlegen. Der erste Punkt ist, dass für 90 Prozent aller tödlichen Unfälle ... Trotz dieser Vorteile gibt es aber beim autonomen Fahren auch noch einige Probleme und Schwächen. Einerseits gibt es im technischen Bereich ... Andererseits müssen die Fahrzeuge auch ethische Prinzipien ... Wie sieht es aber mit der Akzeptanz von ...
Schluss (Ausblick, Zusammenfassung)	Auch wenn es den Menschen schwerfällt, den Roboterautos zu vertrauen, bietet die Technik des autonomen Fahrens ... Die Technik des autonomen Fahrens ist ..., jedoch wird es noch einige Zeit dauern, bis ...

b Formuliere eine treffende Überschrift für deinen Text. Schreibe in dein Heft.

⊕ **7 Dein Artikel zum autonomen Fahren soll auf der Website eurer Schülerzeitung hochladen werden. Hierbei musst du aber einige Regeln zum Datenschutz beachten.**
Markiere im folgenden Kasten die Hinweise, die du bei einer Veröffentlichung im Internet beachten musst.

- ○ Bilder (auch Texte und Musik) von fremden Urhebern dürfen nicht ohne vorherige rechtliche Klärung verwendet werden.
- ○ Wenn auf eigenen (privaten) Fotos Personen abgebildet sind, müssen diese einer Veröffentlichung zustimmen.
- ○ Fotos aus dem Internet können problemlos verwendet werden.
- ○ Ich muss zu allen Materialien (Bilder, Texte, Musik) die Quellen angeben.
- ○ Texte von Autoren und Autorinnen, die vor mehr als 70 Jahren gestorben sind, können in der Regel ohne Erlaubnis veröffentlicht werden. Ihr Urheberrechtsschutz ist abgelaufen.

Sich bewerben

Ein Bewerbungsschreiben untersuchen

Information Ein Bewerbungsanschreiben (per Post) enthält folgende Elemente:

- **Adressen des Absenders / der Absenderin** und **des Empfängers / der Empfängerin**
- **Ort und Datum**
- **Betreffzeile** mit dem Thema des Schreibens (fett gedruckt)
- **höfliche Anrede**
- **Bewerbungstext:** Einleitung: Wie bist du auf das Unternehmen aufmerksam geworden? Wofür bewirbst du dich? Hauptteil: aktuelle Situation (Alter, Schule, Klasse), Begründung für die Bewerbung (persönliche Fähigkeiten, Interessen); Schluss: Bitte um ein Vorstellungsgespräch
- **Grußformel** und **Unterschrift**
- **Auflistung der Anlagen,** z.B. tabellarischer Lebenslauf, Zeugnisse, Praktikumsbescheinigungen

Tarik Karaman
Mittelstraße 12a ← Adresse des Absenders
5xxxx Bonn
Tel.: 0152-xxxxxxx
E-Mail: TarikKaraman@xxx.de ______

Heilpädagogisches Zentrum
z.H. Frau Antje Reuter ← ______
Bergstraße 17
5xxxx Bonn

Bonn, 07.10.20XX

______

Bewerbung um ein Schülerpraktikum vom 10. bis 21.04.20XX

Sehr geehrte Frau Reuter, ← ______

über die Plattform „Schulpraktikum" bin ich auf Sie aufmerksam geworden und möchte mich hiermit um ein Praktikum im Heilpädagogischen Zentrum in der Zeit vom 10. bis 21.04.20XX bewerben.
Seit einem Jahr betreue ich regelmäßig die beiden Kinder unserer Nachbarn, wobei eines der Kinder das Downsyndrom hat. Da diese Tätigkeit mir große Freude bereitet, ist bei mir das Interesse an einer Arbeit mit Menschen mit Behinderung entstanden. Ich bin 15 Jahre alt und besuche die 9. Klasse des Schiller-Gymnasiums in Bonn, wo ich seit der 7. Klasse Mitglied der Schulsanitäter-AG bin. Dabei habe ich neben Kenntnissen in Erster Hilfe gelernt, einfühlsam und verantwortungsbewusst mit kranken oder verletzten Mitschülerinnen und Mitschülern umzugehen. In der Schule sind Deutsch, Musik und Kunst meine Lieblingsfächer. In meiner Freizeit spiele ich Gitarre und singe im Chor.

Über eine Einladung zu einem persönlichen Vorstellungsgespräch würde ich mich sehr freuen.

Mit freundlichen Grüßen ← ______
Tarik Karaman

Anlagen: Lebenslauf, Zeugnis 8. Schuljahr, Bescheinigung der Schulsanitäter-AG

1 Beschrifte mit Hilfe des Merkwissens die einzelnen Elemente des Bewerbungsschreibens.

2 Markiere im Text die Stellen, in denen Tarik seine persönlichen Fähigkeiten und Interessen darstellt, grün.

Eine Bewerbung verfassen

1 Markiere in der folgenden Stellenanzeige
- wichtige Informationen zum Praktikum (Berufsbezeichnung, Dauer des Praktikums, Zeitpunkt des Praktikumsbeginns) orange,
- die genannten Anforderungen an Bewerberinnen und Bewerber grün,
- die benötigten Bewerbungsunterlagen blau,
- den/die Ansprechpartner/-in violett.

Zahntechniker (m/w/d) – Praktikumsplatz für Schülerinnen und Schüler

Du bist geduldig, gewissenhaft, technisch geschickt und verfügst über räumliches Vorstellungsvermögen? Du interessierst dich für Mathematik, Physik und Biologie?
Dann bist du bei uns genau richtig!
Wir bieten dir ein ein- bis vierwöchiges **Betriebspraktikum als Zahntechniker (m/w/d).**

Bewirb dich bitte per Post mit den folgenden Unterlagen:
- ✓ Anschreiben
- ✓ tabellarischer Lebenslauf mit Foto
- ✓ Kopie deines letzten Zeugnisses

Beginn des Praktikums: nach Absprache

Ansprechpartner:
Dentallabor Neumann
Sabine Neumann
Hauptstraße 27
5xxxx Köln

2 Vervollständige den folgenden „Kopf" eines Bewerbungsanschreibens (▶ S. 12).
Achte darauf, die Adresse fehlerfrei abzuschreiben. Daten und Zeiträume kannst du erfinden.

Paula Ortega
Neuer Weg 13
507XX Köln
Tel.: 0221–456XXXX
E-Mail: p.ortega@xxx.de

____

____

____

____

____

____

Bewerbung um ______________________

3 **a** **Ordne jeder Aussage rechts die passende Kompetenz (Fähigkeit) zu, indem du sie mit Linien verbindest.**
b **Markiere die beiden Aussagen, die wichtige Kompetenzen für den Beruf der Zahntechnikerin beinhalten.**

Ich habe mich entschieden, nach Englisch und Französisch als 3. Fremdsprache auch noch Spanisch zu lernen. Außerdem besuche ich mit großer Freude eine Chinesisch-AG.	technisches Verständnis
In meiner Freizeit nähe ich gern. Damit das Kleidungsstück perfekt sitzt, muss ich sehr sorgfältig arbeiten. Das dauert oft lange, aber die Mühe lohnt sich.	Fremdsprachenkenntnisse
Ich bin an meiner Schule Mitglied in der Streitschlichter-AG. Mit verschiedenen Frage- und Gesprächstechniken helfen wir unseren Mitschülerinnen und Mitschülern, Konflikte zu lösen.	Geduld und Gewissenhaftigkeit
Ich bin Mitglied in der Technik-AG unserer Schule und bereite mich gerade auf die Teilnahme bei „Jugend forscht" vor. Ich befasse mich mit der Frage, wie man mit einem 3-D-Drucker möglichst passgenaue mehrfarbige Ersatzteile herstellen kann.	Kommunikationsfähigkeit
Als Mitglied der Schülervertretung macht es mir großen Spaß, Projekte zu planen, z.B. die Projektwoche zum Thema „Schule gegen Rassismus".	Organisationstalent

4 **Formuliere für Paula einen kurzen Text, in dem sie erklärt, warum sie für ein Praktikum als Zahntechnikerin geeignet ist. Du kannst dafür deine beiden markierten Aussagen (▶ Aufgabe 3b) nutzen. Schreibe in dein Heft.**

5 **Kreuze an, welche der folgenden Schlussformulierungen für die Praktikumsbewerbung als Zahntechnikerin geeignet ist.**

- ☐ Ich wäre Ihnen unendlich dankbar, wenn Sie geneigt wären, mich persönlich kennen lernen zu wollen.
- ☐ Sehr gern würde ich mich persönlich bei Ihnen vorstellen.
- ☐ Rufen Sie mich doch mal an. Sie werden es nicht bereuen!

⊕ **6** **Erkläre, worauf man bei der Schlussformulierung achten sollte.**

____

____

____

Einen Lebenslauf verfassen

Information **Einen tabellarischen Lebenslauf verfassen**

Der Lebenslauf listet die wichtigsten Angaben des Bewerbers / der Bewerberin auf. Dazu gehören **persönliche Daten** (Name, Anschrift, Geburtsdatum und -ort), Informationen zur **Schulbildung,** zu **praktischen Erfahrungen** und **besonderen Kenntnissen** und zu weiteren **Interessen und Hobbys.** Abgeschlossen wird der Lebenslauf mit **Ort, Datum** und **Unterschrift.**

Lebenslauf

Persönliche Daten	Paula Ortega Neuer Weg 13 507XX Köln ...
Geburtsdatum und -ort	23.10.20XX, Königswinter
Schulbildung	seit 08/20XX: Goethe-Gymnasium, Bonn 08/20XX – 07/20XX: Anne-Frank-Grundschule, Bonn Lieblingsfächer: ...
Praktische Erfahrungen und besondere Kenntnisse	seit 08/20XX Mitgliedschaft in der Technik-AG unserer Schule Teilnahme am Wettbewerb „Jugend forscht“
Hobbys und Interessen	...

Bonn, 23.10.20xx
Paula Ortega

Hobbys und Interessen
– Social Media
– Kleidungsstücke selbst nähen
– Serien auf Netflix schauen
– Freunde treffen
– Volleyballspielen

Lieblingsfächer:
Mathematik (gut)
Biologie (sehr gut)
Erdkunde (gut)

Mutter: 44 Jahre, katholisch, Ärztin
Vater: 47 Jahre, katholisch, Bankkaufmann

1 Paula hat sich für ihren Lebenslauf am Computer vorher einige Notizen gemacht.

a Ein Notizzettel wird für den Lebenslauf nicht benötigt. Streiche ihn durch.

b Welche drei Hobbys sollte Paula in ihrem Lebenslauf eher nicht angeben? Streiche diese durch.

c Markiere die beiden Lieblingsfächer, die Paula in ihrem Lebenslauf angeben sollte.

2 Wähle für Paula ein geeignetes Bewerbungsfoto aus. Umkreise es und begründe deine Wahl im Heft.

3 In Deutschland ist es üblich, dem Lebenslauf ein Bewerbungsfoto hinzuzufügen. Was hältst du davon? Begründe deine Meinung im Heft.

Einen Tagesbericht verfassen

Information **Einen Tagesbericht verfassen**

Ein Tagesbericht informiert sachlich und knapp über den Ablauf eines Arbeitstages. Tagesberichte sind ein Teil der Praktikumsmappe.

- **Einleitung:** Nenne am Anfang **Arbeitsbeginn,** betreuende **Person** und/oder **Abteilung** und fasse den **Arbeitsschwerpunkt** in einem Satz zusammen.
- **Hauptteil:** Berichte in chronologischer Reihenfolge über wichtige **Aufgaben** und Tätigkeiten an diesem Tag. Beschreibe auch, welche **Arbeitsgeräte** du kennen gelernt hast.
- Schreibe in der **Ich-Form.** Verwende das **Präteritum.**
- Orientiere dich an **W-Fragen** und lass **unwichtige Informationen weg.**

1 **Paulas Notizen zu einem Praktikumstag im Dentallabor enthalten Informationen, die sie für ihren Tagesbericht nicht nutzen sollte. Streiche diese Informationen durch.**

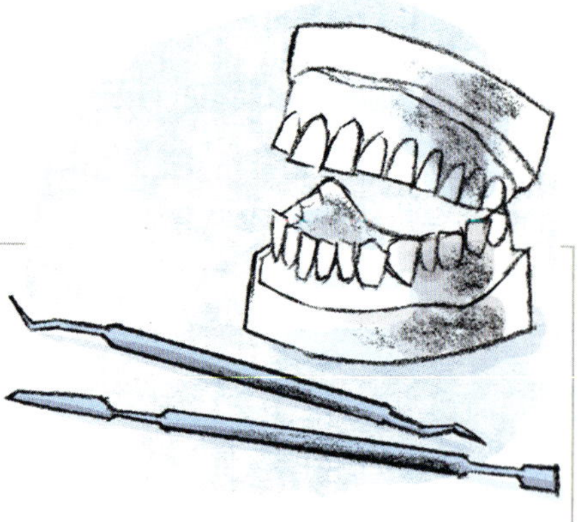

Montag, der 12.04.20XX (3. Tag)
- Arbeitsbeginn 9:00 Uhr
- zuerst langes Suchen nach Fr. Neumann (war in Labor 2)
- Schwerpunkt: Gebissabdrücke und Wachsmodelle
- Vormittag: Fr. Neumann zeigt mir Gebissabdrücke vom Zahnarzt, mischt Gips in Rüttelmaschine an (Blasen im Gips müssen verhindert werden)
- Gips mit Spachtel in Zahnkranz füllen (Ober- und Unterkiefermodelle)
- ich darf Gipsmodell herstellen, man muss sehr sorgfältig arbeiten
- Gipsmodelle mit Schleifmaschine auf die richtige Größe bringen
- Mittagspause: Wir lassen uns Pizza (Salami) liefern.
- Nachmittag: Für Zahnersatz aus Keramik wird erst ein Modell aus Wachs hergestellt.
- Wachsmodell wird Patienten eingesetzt, um Sitz und Biss zu testen.
- Fr. Neumann modelliert Backenzahn aus Wachs: Wachs über Bunsenbrenner erhitzen, Grundform modellieren, Kaufläche modellieren (sah gar nicht so schwer aus).
- erster eigener Versuch, bin total aufgeregt, alles geht schief
- zweiter Versuch: Fr. Neumann hilft mir; auch das zweite Modell ist natürlich unbrauchbar, aber ich bin stolz, dass es schon aussieht wie ein echter Zahn
- Saubermachen des Arbeitsplatzes (dauert echt lang und ist voll ätzend)
- Ende: 15:30 Uhr

2 **Umkreise in Paulas Notizen wichtige Fachbegriffe und markiere die Aspekte, die sie für eine abschließende Beurteilung (Reflexion) ihrer Praktikumserfahrung nutzen kann.**

3 **Fotos können einen Tagesbericht anschaulicher machen. Kreuze an, welche Fotos für Paulas Tagesbericht geeignet sind.**

☐ 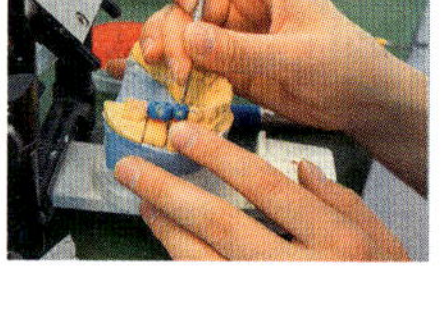 ☐ 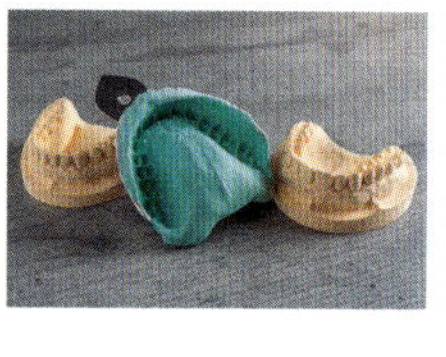 ☐ 

4 **Vervollständige den folgenden Einleitungssatz für Paulas Tagesbericht.**

Mein Praktikumstag begann um 9 Uhr im zahntechnischen Labor 2. Heute begleitete ich ______________________, die Chefin des Dentallabors, beim Erstellen von ____ und ____

5 **Mache bei den folgenden Sätzen durch passende Verknüpfungswörter die Zusammenhänge deutlich.**

> **Verknüpfungswörter,** z.B. *weil, da* (kausal), *damit, um* (final), *bevor, nachdem* (temporal), *obwohl* (konzessiv)

Gips muss in einer Rüttelmaschine angerührt werden, ______________ sich keine Blasen bilden. ______________ meine Wachsmodelle noch nicht perfekt waren, habe ich viel gelernt. Das Wachsmodell wird auf Probe eingesetzt, ______________ den Sitz des Zahnes zu testen.

6 **Erstelle am Computer einen vollständigen Tagesbericht für Paula. Nutze die Notizen von Seite 16 und deine Ergebnisse aus den Aufgaben 4 und 5. Denke auch an die Überschrift.**

⊕ **7** **Tagesberichte sind nur ein Teil deiner Praktikumsmappe. Am Schluss sollst du deine gesamten Praktikumserfahrung kritisch beurteilen. Notiere hinter den folgenden Fragen mögliche Antworten für Paula in Stichpunkten.**

A Was hast du während deines Praktikums gelernt?

Gipsmodell von Gebiss

____

B Was hat dir großen Spaß gemacht, was weniger?

____

____

C Warum kannst du dir (nicht) vorstellen, später in dem Beruf zu arbeiten?

____

____

Argumentieren und erörtern

Eine Erörterung im Anschluss an einen Text untersuchen

Information **Erörtern im Anschluss an einen Text**

Bei der Erörterung im Anschluss an einen Text erhältst du einen Text, in dem eine strittige Frage oder ein Problem behandelt wird (z. B. einen Zeitungskommentar). Deine Aufgabe ist es, dich kritisch mit der Argumentation des Autors / der Autorin auseinanderzusetzen.

- **Einleitung:** Angaben zur Textvorlage (Titel und Autor/-in, ggf. Textquelle) und zum Thema
- **Hauptteil:** Der Hauptteil besteht aus zwei Teilen:
- **A) Zusammenfassung des Textes:** Fasse zentrale Gedankengänge zusammen, z. B. These, Fragestellung, Argumente, Beispiele, evtl. auch Schlussfolgerungen. Stelle die Intention (Aussageabsicht) des Autors / der Autor/-in dar.
- **B) Erörterung:** Setze dich kritisch mit der Position des Autors / der Autorin und seinen/ihren Argumenten auseinander. Du kannst den Argumenten zustimmen, widersprechen oder teilweise zustimmen. Je nachdem kritisierst oder bestätigst du die genannten Argumente, führst zusätzliche Argumente oder Gegenargumente an und beziehst Stellung.
- **Schluss:** Ziehe ein Fazit, indem du deinen Standpunkt zusammenfasst.

1 **Lies das Merkwissen oben und dann die folgende textgebundene Erörterung einer Schülerin aus der 9. Klasse.**

body positivity

In dem Kommentar „Body Positivity in Deutschland: Nachholbedarf bei Influencern und Marken" kritisiert die Autorin Caroline Immer die fehlende Medienpräsenz von authentischen Körpern in der deutschen Werbe- und Medienlandschaft.
Für die Autorin ist es unverständlich, dass in der deutschen Medienlandschaft so wenig authentische Körper gezeigt werden, da das Interesse der User an diesem Thema nachweislich hoch ist. Als Beleg führt Immer an, dass der Begriff „Body Positivity" monatlich 14 Millionen Mal im Internet gesucht wird. Nicht nur die Beliebtheit bei den Usern mache das Thema interessant für Marken und Werbekampagnen, sondern auch der finanzielle Aspekt. So zeigte eine Studie, dass die Darstellung realistischer Körper in der Werbung zu einer positiveren Wahrnehmung der Marke und zu einem gesteigerten Kaufinteresse führt. Die Marken könnten also auch finanziell davon profitieren, sich mit dem Thema zu beschäftigen, so die Schlussfolgerung der Autorin. Die Intention der Autorin ist, sich für eine stärkere Präsenz der Body-Positivity-Bewegung in den deutschen Medien einzusetzen.
Dass das Interesse der User an dem Thema Body Positivity, so wie die Autorin behauptet, groß ist, kann ich vollkommen bestätigen. So finden sich in sozialen Medien häufig Vergleichsfotos von retuschierten und unbearbeiteten Fotos. Die User/-innen zeigen damit, dass soziale Medien wie Instagram ein vollkommen unrealistisches Körperbild vermitteln und die Realität eine andere ist. Caroline Immer führt weiterhin an, dass das Thema auch bei den Werbekunden und -kundinnen Anklang findet und sogar zu einem gesteigerten Kaufinteresse führt. Auch wenn ich der Autorin zustimme, dass Models mit Lachfalten und Normalgewicht zu mehr Werbeerfolg führen könnten, muss doch ebenfalls berücksichtigt werden, dass Werbung zumeist ein Idealbild darstellen will. Beispielsweise möchte man als Kundin mit Akne auf dem Plakat für eine Gesichtspflege kein Model mit unreiner Haut sehen. Trotzdem wäre es natürlich wünschenswert, wenn insgesamt weniger wegretuschiert, glatt gezogen und perfektioniert würde. Die Autorin kritisiert in ihrem Text besonders die deutsche Medien- und Werbelandschaft, weil diese das Thema sehr stark vernachlässige. Diese Ansicht kann ich nicht

vollkommen teilen, denn meiner Meinung nach ist auch die deutsche Medien- und Werbelandschaft in den letzten Jahren viel diverser geworden. Castingshows wie GNTM, aber auch bekannte Modelabels oder Kosmetikhersteller zeigen häufiger normalgewichtige oder Plus-Size-Models und nutzen Fotos, die weniger perfektioniert sind.

Die Body-Positivity-Bewegung rückt die Persönlichkeit und die Individualität von Menschen deutlicher in den Vordergrund und trägt dazu bei, dass wir uns so akzeptieren, wie wir sind. Von daher fordert Caroline Immer zu Recht, dass diese Bewegung in der deutschen Werbe- und Medienlandschaft eine noch größere Rolle spielen sollte.

2 **a** **Untersuche den Aufbau der textgebundenen Erörterung (▸ S. 18). Ergänze die Zeilenangaben für Einleitung, Hauptteil und Schluss. TIPP: Der Hauptteil besteht aus zwei Teilen (▸ Merkwissen, S. 18).**

- **Einleitung:** Z. 1 ______ bis Z. ______
- **1. Teil: Hauptteil** (Zusammenfassung der Argumentation): Z. ______ bis Z. ______
- **2. Teil: Hauptteil** (Erörterung mit Bezug auf die Argumente aus dem Text): Z. ______ bis Z. ______
- **Schluss (Fazit):** Z. ______ bis Z. ______

b **Überprüfe die Zeilenangaben mit den Angaben im Lösungsheft, damit du besser weiterarbeiten kannst.**

3 **a** **Lies den zweiten Teil des Hauptteils (Erörterungsteil) genau. Markiere die Wendungen im Schülertext, in denen der Bezug zur Textvorlage deutlich wird. Eine Wendung ist schon markiert.**
b **Kreuze an: Mit welchen drei Argumenten aus dem Text setzt sich die Schülerin kritisch auseinander?**
c **Notiere, ob die Schülerin diesen drei Argumenten zustimmt (+), widerspricht (–) oder teilweise zustimmt (0).**

- ☐ Das Interesse der User an dem Thema „Body Positivity" ist groß. ______
- ☐ Der Begriff Body Positivity wird häufig gegoogelt. ______
- ☐ Die Werbeindustrie hat nur ein finanzielles Interesse am Thema „Body Positivity". ______
- ☐ Body Positivity in der Werbung führt zu einem gesteigerten Kaufinteresse. ______
- ☐ Die deutsche Medienlandschaft hat beim Thema „Body Positivity" besonders viel Nachholbedarf. ______
- ☐ Authentische Körper kommen in der deutschen Werbung nicht so gut an. ______

4 **Erkläre, wie die Schülerin den Schluss ihrer Erörterung gestaltet hat. Kreuze die richtige Antwort an.**

Die Schülerin zieht das Fazit, ...

- ☐ dass die Body-Positivity-Bewegung zu mehr Selbstakzeptanz führt und deshalb zu Recht in der deutschen Medienlandschaft präsenter sein sollte.
- ☐ dass die Marken mit einer Body-Positivity-Kampagne mehr Umsatz machen könnten und deshalb in der Medienlandschaft präsenter sein sollten.
- ☐ dass die Body-Positivity-Bewegung zwar wichtig ist, weil sie zu mehr Selbstakzeptanz führt, dass aber diese Bewegung in den deutschen Medien schon ausreichend präsent ist.

Eine Erörterung im Anschluss an einen Text verfassen

1. Schritt: Die Textvorlage erschließen

Information **Erörtern im Anschluss an einen Text: Die Textvorlage erschließen**

Die Erörterung im Anschluss an einen Text verlangt eine gründliche Auseinandersetzung mit der gedanklichen Struktur der Textvorlage. Die folgenden Leitfragen helfen dir dabei:

- Um welches **Thema/Problem** geht es? Welche Positionen (Thesen) werden vertreten?
- Welche **Argumente** werden für die Position genannt? Wie werden die Argumente gestützt? Werden Gegenargumente genannt?
- Enthält der Text eine **Schlussfolgerung?**
- Welche **Absicht** verfolgt der Text? Will der Autor / die Autorin zu einem Thema Stellung nehmen? Enthält der Text einen (versteckten) **Appell (eine Aufforderung)** an die Leser/-innen?

1 **a** **Lies die folgende Aufgabenstellung genau. Markiere die Aspekte, die du in deiner Erörterung berücksichtigen musst. Ein Anfang ist vorgegeben.**

- Fasse die wesentlichen Aussagen des Textes „Holt euch euren Körper zurück!" (► S. 20–21) von Violetta Simon zusammen und stelle die Gedankenführung (den Argumentationsaufbau) dar. Beschreibe, welche Aussageabsicht (Intention) die Autorin verfolgt.
- Erörtere unter Einbezug wichtiger Argumente aus dem Text die dargestellte Problematik zur eigenen Körperwahrnehmung.

b **Lies den folgenden Kommentar einmal zügig durch.**

Holt euch euren Körper zurück!

Von Violetta Simon

Das Selbstwertgefühl des modernen Menschen wird bestimmt von Influencern, Ernährungs-Gurus und Fitness-Trackern. Verlieren wir allmählich den Verstand?

Das Leben ist ein Wellnessbereich. Jedes zweite Hotel bezeichnet sich als Wohlfühl-Oase, Immobilienpreise bemessen sich am Wohlfühl-Faktor, selbst in Büros herrscht verordnete Wohlfühl-Atmosphäre. Dabei sind die meisten Menschen weit davon entfernt, sich in ihrer Haut wohlzufühlen. Oder überhaupt: sich zu fühlen. Immer mehr Menschen scheinen den Bezug zu ihrem eigenen Körper zu verlieren. Bereitwillig überlassen sie die Einschätzung von Gesundheit, Fitness, Gewicht, Körperbild modernen Hightech-Geräten. Digitalwaagen messen nicht nur das Gewicht, sondern gleich noch den Anteil an Unterhautfettgewebe. Das Vertrauen in diese Geräte ist immens. Kein Wunder: Sie beweisen uns täglich, dass sie alles Mögliche besser können als wir.

Eine Instanz gibt es, der wir uns noch bereitwilliger anvertrauen: die sozialen Medien. Dank Instagram, Facebook & Co. beruht unser Selbstbild immer häufiger auf der Wahrnehmung anderer. Maßgeblich ist nicht, wie attraktiv, fit oder gesund man sich empfindet, sondern wie glaubhaft und eindrucksvoll man dies – etwa durch Selfies oder Videos – seinem Umfeld vermittelt.

Die Frage „Bin ich schön?" wird somit immer häufiger von einer anonymen, unüberschaubaren Community beantwortet, deren Normen von Meinungsführern, sogenannten Influencern, geprägt sind. Social-Media-Trends und TV-Castingshows bestimmen mittlerweile maßgeblich, wie junge Menschen die eigene Figur wahrnehmen und bewerten. Der ständige Vergleich mit anderen, vermeintlich perfekten Menschen prägt nicht nur das eigene Schönheitsideal. Dahinter steht immer auch der Anspruch: Erst wenn ich geworden bin, was ich sein soll, darf ich mich wohlfühlen.

So viele perfekt inszenierte Körper – ganz zu schweigen von den Möglichkeiten, die Photoshop und Weichzeichner darüber hinaus bieten. Wie soll der durchschnittliche Körper da bestehen? Wie gelingt es, unter dem Druck ständiger Vergleiche und Vorgaben sich selbst stolz und selbstbewusst zu betrachten statt durch die unerbittliche Brille der Crowd?[1]. Die Diskrepanz[2] zwischen dem Ich und dem medienvermittelten Schönheitsideal dominiert das eigene Körperbild.

Einer Studie der Uni Köln zufolge setzen sich bereits Kinder intensiv mit ihrer Figur und ihrem Gewicht auseinander, jeder vierte Erwachsene zwischen 18 und 39 Jahren hat schon mehrfach Diäten versucht. Der Kampf ist eröffnet – es ist ein Kampf gegen sich selbst.

Wir müssen wieder lernen, uns selbst zu vertrauen. Solange wir unser Selbstbild von Fitness-Trackern, -Gurus und -Influencern abhängig machen, haben wir weitaus mehr zu verlieren als ein paar Kilos: unseren gesunden Menschenverstand.

1 **die Crowd** (engl.): die Menge, die Masse

2 **die Diskrepanz:** Gegensatz, Abweichung

2 a Kreuze nach dem ersten Lesen an, welche Position die Autorin vertritt.

Sie ist der Meinung, ...

☐ dass neue Technologien wie Fitness-Tracker nicht an Kinder verkauft werden sollen.

☐ dass in den sozialen Medien realistischere Körperfotos gezeigt werden sollen.

☐ dass moderne Hightech-Geräte und soziale Medien unser Selbstwertgefühl negativ beeinflussen.

☐ dass die Veröffentlichung von retuschierten Bildern in den sozialen Medien verboten werden sollte.

b Lies noch einmal die Überschrift, den Vorspann und den letzten Absatz des Textes. Kreuze dann an, welchen Appell (Aufforderung) die Autorin an ihre Leser/-innen richtet.

Sie fordert...

☐ von ihren Leserinnen und Lesern eine Ernährungsumstellung.

☐ Fitness-Gurus und -Influencer dazu auf, ein realistisches Körperbild zu bewerben.

☐ die Leser/-innen dazu auf, wieder auf sich selbst anstatt auf Influencer und Fitness-Tracker zu hören.

☐ Fitness-Influencer dazu auf, sich ihres Verstandes zu bedienen.

3 Lege dir eine Stoffsammlung für den ersten Aufgabenteil (Textzusammenfassung) an.

a Lies den Text ein zweites Mal gründlich und untersuche den Argumentationsaufbau genauer. Unterstreiche hierzu zentrale Thesen, Argumente, Beispiele und Schlussfolgerungen.

b Halte wichtige Kerngedanken zum Argumentationsaufbau des Textes fest. Schreibe in dein Heft.

These: moderne Hightech-Geräte und soziale Medien ... (vgl. Z. 1–3)
1. Argument: Menschen verlieren Bezug zu ihrem Körper durch moderne Hightech-Geräte → Beispiel: Digitalwaage (vgl. Z. 7–11)
2. Argument: Durch soziale Medien ist unser Selbstbild von der Wahrnehmung anderer abhängig. → Folge: ... (vgl. Z. 12–17)
....
Forderung/Appell: ...

2. Schritt: Sich kritisch mit dem Text auseinandersetzen

4 a Kreuze zuerst an, wie du persönlich zu der Position der Autorin stehst:

Der Position der Autorin, dass unser Selbstwertgefühl durch moderne Hightech-Geräte und soziale Medien negativ beeinflusst wird,

☐ stimme ich völlig zu. ☐ stimme ich teilweise zu. ☐ widerspreche ich vollkommen.

b Lege dir eine Stoffsammlung für den zweiten Aufgabenteil (Erörterung) an. Setze dich kritisch mit den Hauptargumenten aus dem Text auseinander. Notiere hierzu Stichworte in deinem Heft. Nutze die folgenden Anfänge von Stoffsammlungen, z. B.:

Du kannst den **Argumenten zustimmen, widersprechen** oder **teilweise zustimmen.** Je nachdem kritisierst oder bestätigst du die genannten Argumente, führst zusätzliche Argumente oder Gegenargumente an und beziehst Stellung.

Ja! Unser Selbstwertgefühl wird durch soziale Medien negativ beeinflusst.
1. Argument des Textes: Menschen verlieren Bezug zu ihrem Körper.
→ stimme zu: Schrittzähler-App lenkt vom eigenen Körpergefühl ab, Daten sind zudem unzuverlässig ...
2. Argument aus dem Text: ...
→ stimme zu: Selfies perfekt inszeniert. Jede(r) stellt sich glücklich und schön dar, um viele Likes zu bekommen ...

Nein! Unser Selbstwertgefühl wird nicht durch soziale Medien negativ beeinflusst.
1. Argument des Textes: Menschen verlieren Bezug zu ihrem Körper.
→ widerspreche ich: Geräte liefern zuverlässige Daten über Bewegungsverhalten → Körper rückt ins Bewusstsein ...
2. Argument aus dem Text: ...
→ widerspreche ich: Selfies und Videos (z. B. von Fitness-Gurus) sind Motivation ...

Ja und nein! Unser Selbstwertgefühl wird teilweise durch soziale Medien negativ beeinflusst.
1. Argument des Textes: Menschen verlieren Bezug zu ihrem Körper.
→ stimme ich teilweise zu: Körper rückt durch Fitness-Armband einerseits ins Bewusstsein, andererseits sind Daten ungenau und ...
2. Argument aus dem Text: ...
→ stimme zu: Selfies zeigen nur Schokoladenseite des Lebens ...

3. Schritt: Die Erörterung im Anschluss an einen Text ausformulieren

5 **Ergänze die folgende Einleitung, indem du die fehlenden Angaben in den Lücken ergänzt. Die Notizen im Wortspeicher helfen dir dabei.**

In dem ______________________________ mit dem Titel ______________________________

______________________________ macht die Autorin

______________________________ auf das Problem aufmerksam, dass

____

______________________________.

6 **Formuliere den Hauptteil in deinem Heft.**

a **Fasse die Argumentation der Autorin knapp zusammen. Greife dazu auf den ersten Teil deiner Stoffsammlung zurück (▸ S. 21, Aufgabe 3). Du kannst die folgenden Formulierungshilfen nutzen.**

> Die Autorin vertritt in ihrem Artikel die Meinung, dass soziale Medien und ... unsere Körperwahrnehmung negativ beeinflussen. Um ihre Position zu stützen, führt sie mehrere Argumente an. Moderne Hightech-Geräte wie die Digitalwaage ... Noch mehr Einfluss auf unser Selbstbild haben laut Simon die sozialen Medien, denn hier gehe es nur noch darum, ... Die vielen perfekt inszenierten Körper beeinflussten das eigene Schönheitsideal und führten dazu, ... Die Autorin fordert ihre Leserschaft dazu auf, ... anstatt auf Influencer und Fitness-Tracker zu vertrauen.

b **Setze den Hauptteil in deinem Heft fort, indem du die Hauptargumente des Textes erörterst. Nimm dazu den zweiten Teil deiner Stoffsammlung zu Hilfe (▸ S. 22, Aufgabe 4). Du kannst die folgenden Formulierungshilfen nutzen.**

Bezug zur Textvorlage deutlich machen	Die Autorin kritisiert / führt an ... XY führt weiterhin an, dass ... Er/Sie gibt zu bedenken / argumentiert / macht deutlich ...
Eigene Argumente und Beispiele einleiten	Ich denke nicht / denke auch / denke nur zum Teil, dass ... Dieses Argument überzeugt mich / überzeugt mich nicht / kann ich nur teilweise ... Diese Ansicht kann ich vollkommen/nicht/teilweise teilen, denn ... So ... Beispielsweise ... Wenn man ... Ich habe die Erfahrung gemacht, dass ... Außerdem halte ich es für wichtig ...

c **Ziehe zum Schluss ein Fazit, in dem du deine Position deutlich machst.**

7 **Wie sollten die User mit den geschönten und perfekten Fotos in den sozialen Medien umgehen? Formuliere einige Tipps, z. B.:**

- Lass dich nicht beeindrucken von ...
- Denke immer daran, dass diese Fotos ...

Materialgestützt eine Pro-und-Kontra-Erörterung verfassen

1. Schritt: Informationen auswerten, eine Gliederung entwerfen

Information **Eine Streitfrage pro und kontra erörtern**

Bei einer Pro-und-Kontra-Erörterung (dialektische Erörterung) setzt du dich mit einer strittigen Frage (These) auseinander, indem du Pro- und Kontra-Argumente nennst und dann ein begründetes Fazit ziehst. Eine strittige Frage könnte sein: *Sollen Mädchen und Jungen in bestimmten Fächern getrennt voneinander unterrichtet werden?*

- In der **Einleitung** führst du in das Thema ein und leitest dann zum Hauptteil (Streitfrage) über.
- Im **Hauptteil** führst du **Pro- und Kontra-Argumente** (mit Beispielen) an und ziehst dann ein **Fazit,** in dem du deinen **Standpunkt deutlich** formulierst. Das Fazit ist zugleich auch der Schluss deiner Erörterung.

1 **Lies dir die folgende Aufgabenstellung durch. Markiere die Streitfrage, die du erörtern sollst, und deine Adressaten bzw. den Ort der Veröffentlichung.**

Lange Haare, viele Muskeln und ein flacher Bauch: In den sozialen Medien und der Werbung sehen die Menschen perfekt aus. Besonders bei Jugendlichen erzeugt das ein verzerrtes Körperbild und setzt viele unter Druck. In Norwegen müssen retuschierte Fotos in der Werbung und von Influencern gekennzeichnet werden. Soll es auch in Deutschland eine Kennzeichnungspflicht für retuschierte Fotos in der Werbung und von Influencern geben? Schreibe einen Beitrag für ein Jugendmagazin, in dem du erörterst, was dafür (pro) und was dagegen (kontra) spricht. Ziehe dann ein Fazit, in dem du eine Empfehlung abgibst. Nutze die folgenden Materialien (▶ S. 24–26), um überzeugende Argumente und Beispiele zu finden.

2 **Verschaffe dir zunächst einen Überblick über die Materialien (▶ S. 24-26), indem du sie zügig liest.**

M1

Retuschierte Fotos kennzeichnen

Von: Nele Sophie Karsten

In Frankreich und Norwegen müssen retuschierte Fotos gekennzeichnet werden. Das soll gegen unrealistische Schönheitsideale helfen. Aber reicht das?

In Frankreich ist die Kennzeichnung bearbeiteter Fotos seit einigen Jahren Pflicht. Nun will auch Norwegen mit einem neuen Gesetz gegen den „kroppspress", auf Deutsch „Körperdruck", vorgehen. Das hat das Parlament Anfang Juni mit klarer Mehrheit beschlossen. Ab Sommer 2022 müssen retuschierte Fotos in der Werbung, egal, ob von großen Konzernen oder von Influencer/-innen, gekennzeichnet werden.
Erlaubt sind dann nur noch ganzheitliche Bildbearbeitungen wie Aufhellung, Verdunklung oder Schärfung. Das Familienministerium will ein Logo entwickeln, mit dem die bearbeiteten Fotos markiert wer-

den müssen. Das Ziel der Kennzeichnungspflicht ist es, gegen körperbezogene psychische Krankheiten vorzugehen und unrealistische Schönheitsstandards aufzudecken.

In der Werbung und in unserem Instagram-Feed dominieren retuschierte Fotos. Sogenannte Beautyfilter und andere Bearbeitungsschritte machen Körper normschön: entfernen Pickel, machen Hüften schlanker und Beine länger. In Deutschland sind etwa vier von fünf Menschen mit ihrem Äußeren unzufrieden. Jede dritte Frau zwischen 11 und 21 Jahren würde kein unbearbeitetes Foto von sich hochladen.

„Die Schönheitsideale, die in den sozialen Medien präsentiert werden, sind alarmierend", sagt Melodie Michelberger, Body-Image-Aktivistin. Als Teenagerin war Michelberger umgeben von Frauenzeitschriften, die ihr das Gefühl gaben, eine Außenseiterin zu sein, weil ihr Körper nicht den Modelmaßen entsprach. „Ich dachte, mit mir stimmt etwas nicht", sagt sie. Das ständige Vergleichen mit falschen Idealen sei mit den sozialen Medien nur noch präsenter geworden. „Schöne Körper sollen dünne Körper sein und dicke Menschen gelten als Problemfall."

Studien zeigen: Der häufige Konsum retuschierter Inhalte kann Tendenzen einer Essstörung verstärken. Insbesondere Jugendliche, die viel Zeit online verbringen, leiden schnell unter den dort vorherrschenden Schönheitsidealen. Ihr Selbstbild, ihre Identität, ihr Körpergefühl entwickelt sich gerade erst. Sie sind umso empfänglicher für Einflüsse von außen. Dass diese Einflüsse die Realität, in der jeder Körper unterschiedlich ist, verzerren, ist gefährlich und setzt vor allem junge Mädchen unter Druck. Vielen gelingt es nicht, zu abstrahieren und die bearbeiteten Inhalte von der wahren Welt zu unterscheiden.

Wer das neue Gesetz bricht, muss Strafe zahlen. Jedoch wurde von den Gesetzgeber/-innen schon vor der Einführung der Pflicht eingeräumt, dass die Durchsetzung schwierig werden könnte, weil eine Bearbeitung nicht immer erkennbar [und daher schwer zu verfolgen] sei.

Ein Gesetz wie in Norwegen würde Michelberger sich auch für Deutschland wünschen. Sie ist sich aber sicher, dass es mehr brauche, um die falschen Körperideale nachhaltig zu bekämpfen, als eine Kennzeichnung.

M2

Immer wieder wird darüber diskutiert, ob bearbeitete Personenbilder auf Zeitschriften, Werbeplakaten mit einem kleinen Hinweis versehen werden sollten. Was halten Sie davon, bearbeitete ("verschönerte") Personenbilder zu kennzeichnen?

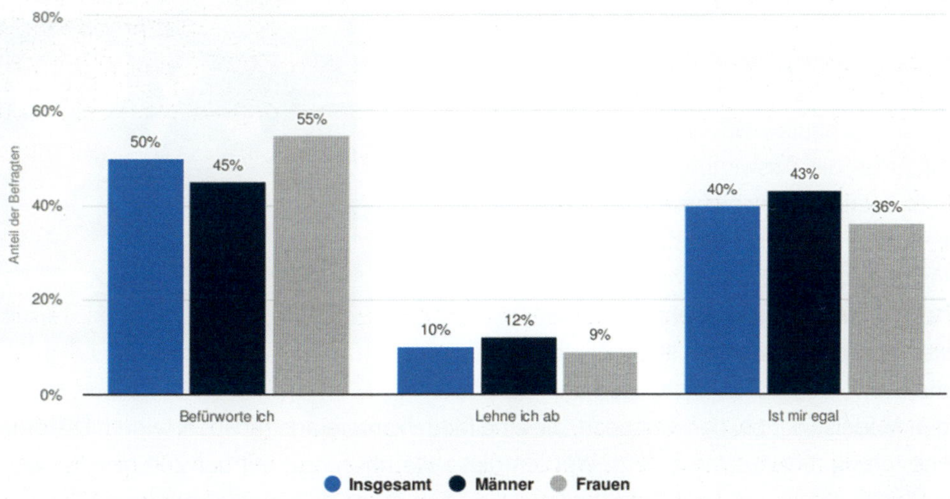

Quelle
EARSandEYES GmbH
© Statista 2020

Weitere Informationen:
Deutschland; EARSandEYES GmbH; 1.369 Befragte; ab 18 Jahre; Online-Umfrage

M3

„Wir können uns vor Bildwelten nicht verschließen“

Ein Gespräch mit dem Fotografen Maurice Weiss

Gesa Ufer: Das Kenntlichmachen von retuschierten Frauenkörpern – halten Sie das als Fotograf für sinnvoll?

Maurice Weiss: Modefotografie ist für viele junge Menschen ein Vorbild, und wenn das Vorbild auch rein physiologisch nicht mehr erreichbar ist, dann ist es natürlich für die jungen Frauen extrem frustrierend und auch gefährlich. Und wenn die Gesellschaft auf so ein Problem keine andere Antwort weiß, dann hoffe ich, dass so ein Gesetz die jungen Leute schützt.

Gesa Ufer: Es gibt seit Jahrzehnten Bestrebungen, auch in der Werbung, Frauenkörper realistisch abzubilden, sprich mit ein paar Gramm mehr oder mit Zellulite. Da verändert sich doch schon einiges, oder?

Maurice Weiss: Möchte ich wirklich wissen, wie der Mensch, der auf dem Foto ist, in echt ist? Gerade in der Werbung ist es ein Problem: Möchte ich eine Frau sehen oder möchten sich die Frauen selber sehen mit Zellulite? Eher nicht! Man möchte sich auch ein bisschen hineinträumen, was man sein könnte, und die Werbung sagt, wenn du dieses oder jenes Produkt verwendest, dann kannst du so schön sein wie das, was wir dir hier gerade zeigen. Das Problem ist nur, wenn man da immer in die Extreme geht: noch dünner, noch größer, es geht immer um das Mehr.

M4

Zur Kennzeichnungspflicht von retuschierten Fotos

Ein Kommentar von Fadime Incebel

Das Gesetz zur Kennzeichnungspflicht von bearbeiteten Fotos soll dazu beitragen, dass vor allem Kinder und Jugendliche weniger unter Druck geraten, wenn sie sich mit falschen, unerreichbaren Schönheitsidealen vergleichen. Eine gute Sache, ergab doch die Umfrage einer Kinderschutzorganisation, dass 43 Prozent der Kinder und Jugendlichen in Bezug auf ihr Aussehen unter Stress stehen. Einen Haken hat die Sache jedoch: Es ist nicht klar, ob mit diesem Gesetz der von den Jugendlichen empfundene „Körperbilddruck“ tatsächlich verringert werden kann. Bis heute weiß man einfach noch zu wenig über die Auswirkungen dieser aktuell beschlossenen Kennzeichnungspflicht. Außerdem kann die Kennzeichnung von retuschierten Fotos in der Werbung auch dazu führen, dass bei den Modelagenturen mehr Menschen gesucht werden, bei denen gar keine Bildbearbeitung mehr erforderlich ist. So etwas kann dann bei den Models oder bei den Personen, die eine Modelkarriere anstreben, zu einem Diätdruck und zu einer Essstörung führen. Und zuletzt: Würden diese Warnhinweise mit der Zeit nicht einfach ihre Wirkung verlieren, da wir uns an sie gewöhnen und sie schlussendlich einfach ignorieren?

3 **Lege dir eine Stoffsammlung für deine Argumentation an.**

a **Untersuche zuerst die Grafik (▶ S. 25): Wie viel Prozent der Befragten sind für, wie viele gegen eine Kennzeichnungspflicht? Wie vielen ist sie egal? Wie ist die Verteilung zwischen Männern und Frauen?**

b **Leite aus der Grafik sowohl ein Pro- als auch ein Kontra-Argument zur Frage "Kennzeichnungspflicht von bildbearbeiteten Fotos" ab. Ergänze hierfür den folgenden Lückentext.**

In einer Umfrage zur Kennzeichnungspflicht von retuschierten Bildern wird deutlich, dass die Hälfte der Befragten ________________.

Besonders auffällig ist, dass beide Geschlechter hier fast identische Angaben machen: Männer befürworten die Kennzeichnungspflicht mit ________ Prozent, Frauen mit ________ Prozent.

Gegen die Kennzeichnungspflicht von Bildern spricht, dass sie dem Großteil der Bevölkerung egal ist oder sie diese sogar ________________. Das ergab eine Umfrage, in der 10 Prozent aller Männer und Frauen eine Kennzeichnungspflicht ablehnen und ________ Prozent angeben, diese sei ihnen egal.

Besonders auffällig ist, dass in dieser Frage beide Geschlechter fast identische Angaben machen.

c **Lies jetzt die Texte (▶ M1, M3, M4, S. 24–26) und unterstreiche Argumente, Beispiele und Belege pro (für) und kontra (gegen) die Kennzeichnungspflicht in unterschiedlichen Farben. Ein Anfang ist vorgegeben.**

4 **Lege dir in deinem Heft – oder am Computer – eine Stoffsammlung für deine Argumentation an, in der du die Argumente, Beispiele und Belege pro und kontra einer Kennzeichnungspflicht stichpunktartig auflistest.**

Stoffsammlung: Gründe für (pro) und gegen (kontra) eine Kennzeichnungspflicht

Material	Pro-Argumente + Beispiele	Kontra-Argumente + Beispiele
M1: Retuschierte Fotos kennzeichnen	retuschierte Fotos setzen unrealistische Schönheitsideale → vier von fünf Pers. sind mit Äußerem unzufrieden, jeder dritte Jugendliche zwischen 11 und 21 Jahren würde kein unbearbeitetes Foto hochladen ...	Durchsetzbarkeit und Strafverfolgung der Kennzeichnungspflicht schwierig, Bildbearbeitung schwer nachzuweisen
M2: Grafik	..	...
M3: Interview	...	...
M4: Kommentar	...	

2. Schritt: Die Gliederung entwerfen und die Erörterung schreiben

Information: **Pro-und-Kontra-Erörterung: Die Gliederung**

Die Argumente pro und kontra können unterschiedlich angeordnet werden.
1 **Pro und Kontra in Blöcken:** Hier werden die Pro- und Kontra-Argumente (und Beispiele) blockweise gegenübergestellt: zuerst die der Gegenposition, dann die der eigenen Position, denn so bleiben sie den Leser/-innen besser im Gedächtnis.
2 **Pro und kontra im Wechsel:** Hier führst du Argumente (und Beispiele) gegen und für deine Position im laufenden Wechsel an. Du musst nicht streng nach jedem Argument wechseln, sondern kannst auch zwei Pro- bzw. Kontra-Argumente aufeinander folgen lassen.

5 **Die unten stehenden Gliederungen ordnen beide die Pro- und Kontra-Argumente in Blöcken an. Entscheide, welche Position Schüler A und welche Position Schüler B vertritt. Fülle den Lückentext aus.**

Schüler ________ ist für die Kennzeichnungspflicht, denn die Argumente für die Kennzeichnungspflicht stehen ________________________________.

Schüler ________ ist gegen die Kennzeichnungspflicht, denn die Argumente für die Kennzeichnungspflicht stehen ________________________________.

Schüler A

Einleitung: Kennzeichnungspflicht von ...
Hauptteil:
I Kontra-Argumente
1. Wirksamkeit der Kennzeichnungspflicht nicht bewiesen
2. Strafverfolgung schwierig

II Pro-Argumente
1. retuschierte Fotos setzen unrealistische Schönheitsideale (Körperdruck)
2. Vorbeugung von Essstörungen und psychischen Erkrankungen

Fazit: Kennzeichnungspflicht ...

Schüler B

Einleitung: Kennzeichnungspflicht von ....
Hauptteil:
I Pro-Argumente
1. retuschierte Fotos setzen unrealistische Schönheitsideale (Körperdruck)
2. Vorbeugung von Essstörungen und psychischen Erkrankungen

II Kontra-Argumente
1. Strafverfolgung schwierig
2. Wirksamkeit der Kennzeichnungspflicht ist nicht bewiesen

Fazit: Kennzeichnungspflicht ...

6 **Erstelle selbst eine Gliederung für den Hauptteil. Nutze hierzu deine Stoffsammlung (▸ S. 27, Aufgabe 4).**
a **Entscheide zuerst, ob du für oder gegen die Kennzeichnungspflicht argumentieren willst. Kreuze an:**

☐ Ich bin für die Kennzeichnungspflicht. ☐ Ich bin gegen die Kennzeichnungspflicht.

b **Erstelle mit Hilfe deiner Stoffsammlung (▸ S. 27) eine Gliederung. Markiere in deiner Stoffsammlung jeweils zwei Argumente für und gegen die Kennzeichnungspflicht für bearbeitete Fotos. Suche für deine Position zwei besonders überzeugende Argumente.**

3. Schritt: Die Pro-und-Kontra-Erörterung ausformulieren

7 **Verfasse eine Einleitung für deinen Beitrag für das Jugendmagazin. Du kannst eine der folgenden Ideen auswählen. Schreibe in dein Heft.**

In der **Einleitung** führst du in das Thema ein und leitest dann zum Hauptteil (Streitfrage) über. Du kannst z. B. auf die **Aktualität des Themas** hinweisen oder an ein **persönliches Erlebnis** oder eine **persönliche Erfahrung** anknüpfen.

A Durchtrainierte Körper, reine Haut und ... In der Werbung und in den sozialen Netzwerken wimmelt es nur so von ... Viele Jugendliche fühlen sich dadurch ... In Norwegen ... Könnte so ein Gesetz auch bei uns ... Im Folgenden möchte ich erörtern, was für und was gegen ...

B In Frankreich und Norwegen ist das Gesetz schon verabschiedet: Hier müssen in der Werbung und in den sozialen Medien retuschierte Fotos ... Schon bald könnte es auch ... Doch was spricht eigentlich ...? Im Folgenden möchte ich die Vor- und Nachteile ...

8 **Schreibe mit Hilfe deiner Gliederung den Hauptteil deines Beitrags in dein Heft. Du kannst die folgenden Satzanfänge zu Hilfe nehmen.**

Formulierungshilfen	
Argumente	- Die Befürworter/Gegner der Kennzeichnungspflicht argumentieren, dass ... - Ein zentrales Argument für/gegen die Kennzeichnungspflicht ist, dass ... - Ein weiterer Grund für/gegen .... - Darüber hinaus ... - Außerdem kann eine Kennzeichnungspflicht (nicht) ... - Die Vorschrift hätte zur Folge / nicht zur Folge, dass ... - Entscheidend ist vor allem das Argument, nach dem ...
Belege, Beispiele, Zitate	- Eine Studie/Umfrage zeigt, dass ... - So belegen Studien / argumentieren Expert/-innen, dass... - Beispielsweise gibt es ... - Untersuchungen zeigen ... - Als Beleg lässt sich anführen, dass ...
Überleitung	- Den Vorteilen/Nachteilen, die eine Kennzeichnungspflicht hat, sind aber folgende Nachteile/Vorteile gegenüberzustellen: ...

11 **Formuliere nun den Schluss, indem du ein Fazit ziehst. Nimm die folgenden Formulierungsbausteine zu Hilfe und schreibe in dein Heft.**

Beim **Fazit** formulierst du deine **Meinung zur Streitfrage.** Du kannst dich eindeutig dafür (pro) oder dagegen (kontra) aussprechen oder du formulierst eine Bedingung, unter der du dich für Pro oder Kontra entscheiden würdest.

- Wenn ich die Argumente für und gegen ... abwäge, komme ich zu dem Schluss ...
- Zurück zur Ausgangsfrage: Sollte man ...?
- Wenn ich ..., könnte ich mir vorstellen, dass ....

Eine Kurzgeschichte interpretieren

Eine Kurzgeschichte erschließen und verstehen

Methode **Erzähltexte mit Hilfe von Leitfragen erschließen**

Thema/Inhalt:
- Worum geht es in dem Text? Gibt es **zentrale Motive** oder ein **Leitmotiv?**

Aufbau und Handlung:
- Wie sind der **Anfang** und der **Schluss** gestaltet (z. B. offen oder zu Ende erzählt)?
- Gibt es einen **Höhe- oder Wendepunkt?** Wird **Spannung** erzeugt?
- Wird **linear** (in chronologischer Folge) oder mit **Rückblenden und Vorausdeutungen** erzählt?
- **Figuren:**
  - Welche **Beziehungen** haben die Figuren untereinander?
  - Wie werden die Figuren **charakterisiert?** Erfährst du etwas über ihr Innenleben (innere Handlung: Gedanken und Gefühle) oder wird nur die äußere Handlung dargestellt?
- **Erzähler/-in:**
  - Welche **Erzählform** (Ich-, Er-/Sie-Erzähler/-in) liegt vor? Wie wirkt dies?
  - Welches **Erzählverhalten** (personal/auktorial) liegt vor? Wie wirkt dies?
- **Sprache:**
  - Gibt es Auffälligkeiten, z. B. im **Satzbau,** in der **Wortwahl** (z. B. Jugendsprache oder Bildungssprache) oder bei den **rhetorischen Mitteln** (z. B. viele sprachliche Bilder)?
- **Gestaltung von Zeit und Schauplatz:**
  - Wie ist das Verhältnis von **Erzählzeit** (Zeit deines Leseprozesses) und **erzählter Zeit** (Zeitraum der Handlung)? Wird zeitdehnend, zeitdeckend oder zeitraffend erzählt?
  - Verrät der Schauplatz etwas über den Inhalt? Hat er vielleicht **symbolische Bedeutung?**

Julia Franck: Streuselschnecke (2002)

Der Anruf kam, als ich vierzehn war. Ich wohnte seit einem Jahr nicht mehr bei meiner Mutter und meinen Schwestern, sondern bei Freunden in Berlin. Eine fremde Stimme meldete sich, der Mann nannte seinen Namen, sagte mir, er lebe in Berlin, und fragte, ob ich ihn kennen lernen wolle. Ich zögerte, ich war mir nicht sicher. Zwar hatte ich schon viel über solche Treffen gehört und mir oft vorgestellt, wie so etwas wäre, aber als es so weit war, empfand ich eher Unbehagen. Wir verabredeten uns. Er trug Jeans, Jacke und Hose. Ich hatte mich geschminkt. Er führte mich ins Café Richter am Hindemithplatz und wir gingen ins Kino, ein Film von Rohmer[1]. Unsympathisch war er nicht, eher schüchtern. Er nahm mich mit ins Restaurant und stellte mich seinen Freunden vor. Ein feines, ironisches Lächeln zog er zwischen sich und die anderen Menschen. Ich ahnte, was das Lächeln verriet. Einige Male durfte ich ihn bei seiner Arbeit besuchen. Er schrieb Drehbücher und führte Regie bei Filmen. Ich fragte mich, ob er mir Geld geben würde, wenn wir uns treffen, aber er gab mir keins, und ich traute mich nicht, danach zu fragen. Schlimm war das nicht, schließlich kannte ich ihn kaum, was sollte ich da schon verlangen? Außerdem konnte ich für mich selbst sorgen, ich ging zur Schule und putzen und arbeitete als Kindermädchen.

unmittelbarer Einstieg

Ich-Erzählerin

Rückblende

Date / kurze Sätze

1 Éric Rohmer: Franz. Regisseur, der in seinen Filmen die Liebe thematisiert.

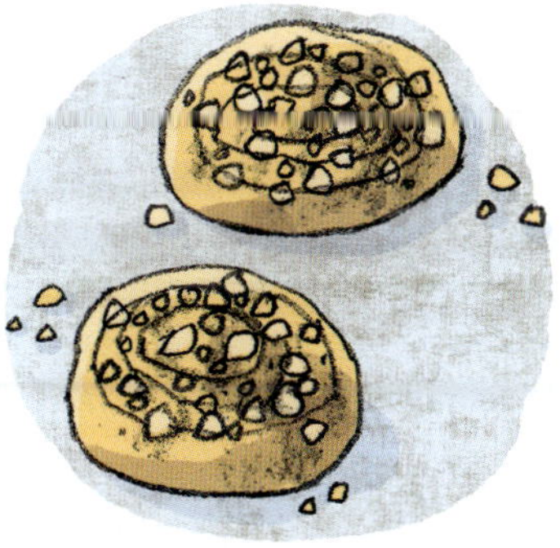

Bald würde ich alt genug sein, um als Kellnerin zu arbeiten, und vielleicht würde ja auch noch eines Tages etwas Richtiges aus mir.
Zwei Jahre später, der Mann und ich waren uns noch immer etwas fremd, sagte er mir, er sei krank. Er starb ein Jahr lang, ich besuchte ihn im Krankenhaus und fragte, was er sich wünsche. Er sagte mir, er habe Angst vor dem Tod und wolle es so schnell wie möglich hinter sich bringen. Er fragte mich, ob ich ihm Morphium[2] besorgen könne. Ich dachte nach, ich hatte einige Freunde, die Drogen nahmen, aber keinen, der sich mit Morphium auskannte. Auch war ich mir nicht sicher, ob die im Krankenhaus herausfinden wollten und würden, woher es kam. Ich vergaß seine Bitte. Manchmal brachte ich ihm Blumen. Er fragte nach dem Morphium und ich fragte ihn, ob er sich Kuchen wünsche, schließlich wusste ich, wie gerne er Torte aß. Er sagte, die einfachen Dinge seien ihm jetzt die liebsten – er wolle nur Streuselschnecken, nichts sonst. Ich ging nach Hause und buk Streuselschnecken, zwei Bleche voll. Sie waren noch warm, als ich sie ins Krankenhaus brachte. Er sagte, er hätte gerne mit mir gelebt, es zumindest gern versucht, er habe immer gedacht, dafür sei noch Zeit, eines Tages – aber jetzt sei es zu spät. Kurz nach meinem siebzehnten Geburtstag war er tot. Meine kleine Schwester kam nach Berlin, wir gingen gemeinsam zur Beerdigung. Meine Mutter kam nicht. Ich nehme an, sie war mit anderem beschäftigt, außerdem hatte sie meinen Vater zu wenig gekannt und nicht geliebt.

2 Morphium: starkes Schmerzmittel

1 Notiere deine ersten Eindrücke von dieser Kurzgeschichte in Stichworten.

2 Worum geht es in dieser Geschichte? Bilde eine treffende Deutungsthese, indem du den richtigen Satzanfang (links) mit der richtigen Fortsetzung (rechts) verknüpfst. Ziehe eine Verbindungslinie.
TIPP: Überlege, welche Figur im Mittelpunkt der Handlung steht.

A In der Geschichte geht es um einen Vater, der seine Tochter erst spät kennen lernen will und ihr	D nach anfänglicher Distanz während seiner tödlichen Krankheit näherkommt.
B Die Geschichte handelt von einem Mädchen, das seinen Vater erst spät kennen lernt und ihm	E zwar beisteht, aber bis zuletzt völlig fremd bleibt.
C Die Geschichte thematisiert, wie ein Vater und seine Tochter sich spät kennen lernen und er ihr	F dann ausmalt, wie ein gemeinsames Familienleben hätte aussehen können.

3 a Lies die Geschichte noch einmal gründlich:
- Unterstreiche – wie in den ersten Zeilen bereits vorgemacht – weitere wichtige Textstellen.
- Markiere Informationen (Eigenschaften, Gefühle, Lebensumstände) über die Tochter in Orange und über den Vater in Blau.
- Umkreise den Höhe- und Wendepunkt.

b Nutze die Randspalte für Anmerkungen zu Inhalt und Form.

4 a Trage die zentralen Handlungsschritte der Geschichte mit Zeilenangaben in den Zeitstrahl ein.

14 Jahre | 14–16 Jahre

Anruf und erstes Treffen (Z. 1-)

16–17 Jahre | 17 Jahre

b Welche Aussagen zu Zeitgestaltung und Aufbau treffen zu? Kreuze die beiden richtigen Antworten an.

A ☐ Die Geschichte wird zeitraffend erzählt.
B ☐ Die Geschichte wird zeitdehnend erzählt.
C ☐ Die Geschichte ist eine Rückblende.
D ☐ Die Geschichte enthält Vorausdeutungen.

5 Charakterisiere die Ich-Erzählerin und ihren Vater. Sieh dir dazu deine Markierungen im Text an (► Aufgabe 3 a) und notiere Stichworte in den Listen.

Ich-Erzählerin	Vater (auch in der Wahrnehmung der Ich-Erzählerin)
selbstständig (mit 14 Jahren ausgezogen, Z. 1–3),	fremd (Z. 3),

6 Untersuche, wie sich das Verhältnis der beiden Figuren zueinander entwickelt:
- Ergänze in den Sprechblasen in direkter Rede, was der Vater sagt. Die Zeilenangaben helfen dir.
- Formuliere rechts in Stichworten, was in der Tochter dabei vorgeht bzw. vorgehen könnte.

„Willst du ______ ?" (Z. 5–6)

zuerst ______

„Ich hätte ______ " (Z. 43).

am Ende ______

7 Stimmst du der folgenden Aussage zu einem Schauplatz der Geschichte zu? Erläutere in deinem Heft.

Erst im Krankenhaus wird die Beziehung eng und vertraut.

8 Untersuche die Erzählweise und ihre Wirkung.

a Welche Aussagen zur Erzählweise treffen zu? Kreuze die richtigen Antworten an.

☐ personales Erzählen ☐ auktoriales Erzählen ☐ Er-/Sie-Form ☐ Ich-Form

b Erläutere in deinem Heft, wie die Erzählweise auf dich wirkt, z. B.:
Ich bin nah bei der Ich-Erzählerin und erhalte … Was hingegen genau in dem Vater vorgeht, …

9 Untersuche die sprachliche Gestaltung und ihre Wirkung. Kreuze die Antwort an, die nicht zutrifft:

A ☐ Sprache und Stil sind eher schlicht und nüchtern; die parataktischen Sätze wirken informativ.

B ☐ Die Sprache ist komplex, um die schwierigen Familienverhältnisse zu veranschaulichen.

C ☐ Die Wortwahl („der Mann“, „solche Treffen“ usw.) führt die Leser absichtlich in die Irre bzw. verheimlicht bewusst, dass es sich um den Vater handelt.

10 Welche typischen Merkmale einer Kurzgeschichte findest du in dieser Geschichte?
Notiere Stichworte zu den sechs fett gedruckten Merkmalen in der Information rechts. Schreibe in dein Heft.

Merkmale von Kurzgeschichten
Kurzgeschichten sind von geringem Umfang. Meist steht ein **entscheidender Moment im Leben (1)** einer Figur im Zentrum. Dabei entwickelt sich die Handlung rasch auf einen **Höhe- oder Wendepunkt (2)** zu. Alles steht im Zeichen der Kürze: Die **Geschichte beginnt unmittelbar (3),** der **Schluss ist offen (4)** und die **Sprache (5)** ist meist eher einfach, z. B. in der Ausdrucksweise und im Satzbau.
In einigen Kurzgeschichten gibt es auch ein **zentrales Bild oder ein Leitmotiv (6),** das für das Verständnis der Geschichte von besonderer Bedeutung ist.

Die Kurzgeschichte schriftlich interpretieren

Information **Einen epischen Text interpretieren**

Bevor du einen epischen Text interpretierst, musst du ihn genau untersuchen. Je nach Aufgabenstellung untersuchst du Handlung, Figuren, Sprache, Motive und Erzählweise.

- In der **Einleitung** nennst du den Namen des Autors / der Autorin, den Titel, die Textsorte (z. B. Kurzgeschichte, Novelle) und das Thema bzw. die Kernaussage des Textes.
- Im **Hauptteil** legst du die Ergebnisse deiner Textuntersuchung dar und belegst sie mit Textbeispielen. Je nach Aufgabenstellung wird Folgendes entfaltet:
  - Inhalt und Aufbau der Geschichte (▶ S. 31–32, Aufgaben 2–4),
  - Figuren und ihre Beziehungen zueinander (▶ S. 32–33, Aufgaben 5–6),
  - Erzähler/Erzählweise, sprachliche Gestaltung, Zeitgestaltung und Schauplatz (▶ S. 33, Aufgaben 7–9) und zentrale Bilder bzw. Leitmotive (▶ S. 33, Aufgabe 10),
  - eventuell Besonderes im Hinblick auf die Textsorte, z. B. die Kurzgeschichte (▶ S. 33, Aufgabe 10).
- Im **Schluss** kannst du kurz Stellung zum Text nehmen (z. B. zum Thema, zum zentralen Problem oder zur Aussageabsicht) oder eine persönliche Bewertung des Textes abgeben.

1 **Formuliere in deinem Heft eine vollständige Einleitung für deine Interpretation. Nutze dazu auch dein Ergebnis aus Aufgabe 2 (▶ S. 31), z. B.:** Die ... „...“ von ... handelt von ...

2 **Lege für den Hauptteil deiner Interpretation einen Schreibplan in Stichworten an. Nutze dazu deine Ergebnisse aus den Aufgaben 3–10 (▶ S. 32–33).**

kurze Zusammenfassung des Inhalts	14-Jährige
Figuren und ihre Beziehungen	zuerst dann
Erzählweise und sprachliche Gestaltung	
Zeitgestaltung und Schauplatz	Zeit: starke wichtigster Schauplatz:
Merkmale der Textsorte Kurzgeschichte	

Information **Den Hauptteil der Interpretation sprachlich gestalten**

- Mache Zusammenhänge der Handlung (z. B. zeitliche) durch passende **Satzanfänge** und **Satzverknüpfungen** deutlich, z. B.: *zuerst, erst, als, weil, denn, obwohl, allerdings, stattdessen, dass.*
- Schreibe **sachlich** und **nüchtern,** vermeide ausschmückende Formulierungen.
- Schreibe im **Präsens** (bei Vorzeitigkeit im Perfekt).
- Belege deine Beobachtungen am Text durch **Zitate.**

3 **Verfasse auf Grundlage deines Schreibplans den Hauptteil deiner Interpretation. Arbeite im Heft.**

a **Beginne mit einer knappen Zusammenfassung des Inhalts. Nutze dazu den folgenden Anfang:**
Eine Ich-Erzählerin erzählt im Rückblick von den letzten drei Jahren ihres Lebens.
Zu Beginn der Geschichte ... Eines Tages ...

b **Erläutere, wie sich die Beziehung der Figuren entwickelt. Nutze dafür die folgenden Formulierungshilfen und stütze deine Aussagen mit Textbelegen (Zitaten):**
Die Ich-Erzählerin lernt ihren Vater im Alter von ... Daher ist er ihr zunächst ... („eine fremde ...", Z. 3).
Obwohl sie sich im Laufe von zwei Jahren häufig ..., kommen sie sich kaum ... (vgl. Z. ...).
Dass die Ich-Erzählerin ihren Vater wiederholt als „..." bezeichnet (Z. ..., ..., ...), unterstreicht ...
Erst als der Vater schwer ... und im ... liegt, entwickelt sich ...
Durch das Motiv der ... wird die Zuneigung der Tochter hervorgehoben („Sie waren noch ...", Z. ...).
Dem entspricht die letzte Aussage des Vaters, er habe ... (vgl. Z. ...).
Beiden ist es nach den beschriebenen Startschwierigkeiten also gelungen, ...

c **Beschreibe die Erzählweise und erkläre, wie sie die Wahrnehmung der Leser/-innen beeinflusst und auch den Wendepunkt der Geschichte ermöglicht. Übertrage dafür den folgenden Absatz richtig in dein Heft.**

Eine Ich-Erzählerin / Er-Erzählerin berichtet von den wenigen Jahren, die sie mit ihrem Vater erlebt. Durch die auktoriale/personale Perspektive sehen die Leser/-innen die Ereignisse nicht/nur durch die Augen der Erzählerin. Die schnelle/langsame Annäherung an ihren Vater verdeutlicht die Ich-Erzählerin, indem sie bis fast zum Schluss nur von einem „Mann" spricht. Die Leser/-innen werden entsprechend bis zum erwartbaren/überraschenden Wendepunkt über die wahre Identität des „Mannes" im Dunkeln gelassen.

d **Erläutere die Zeitgestaltung und die Bedeutung der Schauplätze. Ergänze dazu die folgenden Sätze.**
- Die Erzählerin berichtet rückblickend über einen Zeitraum von drei Jahren. Die Zeitgestaltung ist daher ...
- Den beliebigen Treffpunkten in der Stadt (Restaurant, Kino etc.) steht das Krankenhaus gegenüber. Diesem Schauplatz, an dem es keine Ausflüchte mehr gibt, kommt eine besondere Bedeutung zu, weil ...

e **Benenne mit Hilfe von Aufgabe 10 (▸ S. 33) drei typische Merkmale dieser Kurzgeschichte.**

4 **Bewerte am Schluss das Verhalten der Ich-Erzählerin:**
- **Scheint dir ihre schrittweise Annäherung an den „fremden" Vater nachvollziehbar? Begründe und werte.**
- **Inwiefern ist ihr knappes und überraschendes Fazit gegenüber der Mutter verständlich?**

⊕ **5** **a** **Experimentiere mit der Erzählweise: Formuliere im Heft die ersten Sätze der Geschichte so um, dass die Leser/-innen nicht in die Irre geführt werden. Erzähle auktorial und in der Sie-Form, z. B.:**
Der unerwartete Anruf ihres Vaters kam, als ... Schon mit 13 ...

b **Welche Erzählweise erscheint dir reizvoller? Begründe deine Antwort in deinem Heft.**

Ein Gedicht interpretieren

Ein Gedicht untersuchen und verstehen

Methode **Talking to the Text – Erste Annäherung an ein Gedicht**

Bevor du ein Gedicht interpretierst, musst du es genau untersuchen. Im ersten Schritt der Untersuchung kannst du die Methode **Talking to the Text** anwenden. Dabei hältst du im Text und in der Randspalte alles fest, was dir zu **Inhalt, Form und Sprache** auffällt. Nutze dazu:

- knappe **Notizen** (z. B. Fachbegriffe, Deutungsideen, Fragen),
- verschiedenfarbige **Markierungen** (z. B. für verschiedene rhetorische Mittel),
- **Buchstaben** und **Zeichen** (z. B. für den Reim = abab, das Metrum = xx́ und Wichtiges = !).

TIPP: Achte auf den **Titel.** Gibt er dir zusätzliche Informationen oder einen Deutungshinweis?

1 Lies das Gedicht von Erich Kästner aufmerksam und notiere deine ersten Leseeindrücke im Heft.

2 Nähere dich dem Gedicht mit der Methode „Talking to the Text". Ergänze weitere Notizen.

Erich Kästner: Er weiß nicht, ob er sie liebt (1929)

Soll man sein Herz bestürmen: „Herz, sprich lauter!" a
da es auf einmal leise mit uns spricht? b
Einst sprach es laut zu uns. Das klang vertrauter.
Nun flüstert's nur. Und man versteht es nicht.

Was will das Herz? Man denkt: Wenn es das wüsste,
dann wär es laut, damit man es versteht.
Dann riefe es, bis man ihm folgen müsste!
Was will das Herz, dass es so leise geht?

Das Allerschönste, was sich Kinder wünschen,
das wagt sich kaum aus ihrem Mund hervor.
Das Allerschönste, was sich Kinder wünschen,
das flüstern sie der Mutter bloß ins Ohr.

Ist so das Herz, dass es sich schämt zu rufen?
Will es das Schönste haben? Ruft es Nein?
Man soll den Mächten, die das Herz erschufen,
nicht dankbar sein.

Thema: Liebe
Selbstgespräch?
Fragesatz
Gegensätze:
Wiederholung

Methode **Leitfragen zur Gedichtuntersuchung I: Inhalt und Sprechsituation untersuchen**

Im Anschluss an deine Textannäherung (▸ S. 36) solltest du das Gedicht genauer untersuchen. Dabei helfen dir die Leitfragen auf dieser und der nächsten Seite.

1 Thema, Inhalt, Aufbau

- Worum geht es in dem Gedicht? Geht es z. B. um Gefühle, die Natur oder die Politik?
- Ist eine Handlung erkennbar? Wird eine bestimmte Situation beschrieben?

2 Die Sprechsituation

- Tritt ein lyrisches Ich/Wir in Erscheinung oder ist der lyrische Sprecher nicht im Text greifbar?
- Wird eine bestimmte Haltung, Stimmung oder Position erkennbar?
- Gibt es einen Adressaten oder eine Adressatin? Wird jemand / ein Du direkt angesprochen?

3 Erschließe den Inhalt des Gedichts genauer.

a Umkreise eine Formulierung, die das Thema genau trifft.

Vergänglichkeit der Liebe

Schüchternheit, jemandem seine Liebe zu gestehen

Verunsicherung durch unklare Gefühle

Erinnerungen an die Kindheit

Selbstvorwürfe wegen Entscheidungsschwäche

b Ordne den Strophen die Zusammenfassungen rechts richtig zu, indem du Verbindungslinien ziehst.

1. Strophe	A Zweimal wird die zentrale Frage gestellt, was das Herz wolle.
2. Strophe	B Der Sprecher stellt fest, dass er sich seiner Gefühle nicht sicher ist.
3. Strophe	C Das Herz ist schwer zu deuten und für den Sprecher daher eine Fehlkonstruktion.
4. Strophe	D Eine Kindheitserfahrung legt nahe, dass das Herz bei wichtigen Wünschen leise spricht.

4 Untersuche die Sprechsituation genauer. Kreuze Erklärungen und Deutungen an, die dir richtig oder nachvollziehbar erscheinen.

A ☐ Der lyrische Sprecher verbirgt sich hinter dem unbestimmten Pronomen „man".

B ☐ Eine Geliebte wird mehrfach direkt angesprochen. Sie ist die Adressatin des Gedichts.

C ☐ Der Titel legt nahe, dass aus der Perspektive eines Mannes gesprochen wird.

D ☐ Der lyrische Sprecher hört in sich hinein, weil er sich seiner Gefühle nicht sicher ist. Durch die Fragen, die an niemand Bestimmten gerichtet sind, wirkt das Gedicht wie ein Selbstgespräch.

Methode **Leitfragen zur Gedichtinterpretation II: Formale und sprachliche Mittel untersuchen**

3 Formaler Aufbau
- Ist das Gedicht in **Strophen** gegliedert? Sind die Strophen gleich gebaut?
- Werden **Verse** wiederholt? Gibt es einen Refrain? Kommen auffällige **Zeilensprünge** vor?
- Ist das Gedicht reimlos? Liegt ein **Reimschema** vor?
- Gibt es ein durchgängiges **Metrum?**

4 Sprachliche und rhetorische Mittel
- Werden **sprachliche Bilder** (Vergleiche, Metaphern, Personifikationen) verwendet?
- Werden **Wörter oder Sätze am Satz- oder Versanfang wiederholt** (Anapher)?
- Gibt es **Wortneuschöpfungen** (Neologismen)?
- Dominiert eine **bestimmte Wortart?**

Es reicht nicht, die formalen und sprachlichen Eigenschaften eines Gedichts nur zu benennen. Du musst sie mit Blick auf den Inhalt des Textes auch **deuten,** d. h. in ihrer **Wirkungsabsicht erklären.**

5 **Bestimme die formalen Gestaltungsmittel des Gedichts und deute sie.**

a Bestimme die Reimform. Ergänze dazu die Buchstabenfolge neben dem Gedicht (▶ S. 36) und kreuze den richtigen Fachbegriff an.

☐ Paarreim (aabb) ☐ Kreuzreim (abab) ☐ umarmender Reim (abba)

b Bestimme das Metrum. Setze dafür im Gedicht (▶ S. 36) durchgängig Betonungszeichen und kreuze den richtigen Fachbegriff an.

☐ Trochäus (x́x) ☐ Daktylus (x́xx) ☐ Jambus (xx́) ☐ Anapäst (xxx́)

c Streiche in der folgenden Deutung von Reim und Metrum die falschen Aussagen durch.

Die Reimform betont mit ihrem ständigen Wechsel die Gefühlsschwankungen / die klaren Gefühle des lyrischen Sprechers. Dagegen bewirkt das Metrum eine große Dynamik / eine gewisse Monotonie, die die Ratlosigkeit / die Entscheidungsfreude des lyrischen Sprechers hervorhebt.

6 **Welche Deutungen zu Form und Sprache treffen zu? Lies im Gedicht nach und kreuze an.**

A ☐ Das Herz wird durchgängig personifiziert. Der Sprecher wartet darauf, dass es zu ihm spricht (vgl. V. 1) und ihm seine Zweifel nimmt.

B ☐ Alle Fragen des Sprechers wenden sich direkt an das Herz (V. 1, 5 und 8), weil es im Mittelpunkt des Gedichts steht.

C ☐ Durch die Wiederholung wird die Bedeutung der zentralen Frage „Was will das Herz?“ (V. 5 und 8) zusätzlich hervorgehoben.

D ☐ Die Gegensatzpaare „leise/laut“ (V. 2 und 3) und „einst/nun“ (V. 3 und 4) veranschaulichen, dass sich die Gefühle des Sprechers verändert haben.

E ☐ Die dritte Strophe nutzt Metaphern, um die Entscheidungsschwäche als allgemein menschliches Problem zu schildern.

F ☐ Der Jambus im letzten Vers bricht nach zwei Hebungen ab, als lohne es sich nicht weiterzusprechen. Das Fazit des Sprechers fällt entsprechend resignativ aus.

Das Gedicht schriftlich interpretieren

Methode **Eine Gedichtinterpretation schreiben**

- In der **Einleitung** nennst du die Art des Textes (z. B. Gedicht oder genauer: Sonett), den Titel, die Autorin / den Autor, das Entstehungsjahr und das Thema.
- Im **Hauptteil** gibst du die Ergebnisse deiner Untersuchung (► S. 36–38) geordnet wieder:
  - Fasse den Inhalt strophenweise zusammen.
  - Bestimme die Sprechsituation: Gibt es ein lyrisches Ich oder einen Adressaten?
  - Benenne formale und sprachliche Mittel und deute sie, indem du ihre Wirkung erläuterst.
  - Ordne den Text in seine literarische Epoche ein oder setze den Text in Beziehung zu anderen Gedichten mit dem gleichen Motiv (z. B. Liebe, Natur, Politik).
- Gehe zum **Schluss** auf die Gesamtwirkung des Textes ein oder nimm Stellung.
- **Belege deine Aussagen** zum Text mit Textstellen und zitiere dabei korrekt.

1 **Formuliere eine vollständige Einleitung in deinem Heft. Setze dafür den folgenden Anfang fort:**
Erich Kästner thematisiert in seinem 1929 erschienenen Gedicht ...

2 **Verfasse auf Grundlage deiner Vorarbeiten den Hauptteil deiner Interpretation in deinem Heft.**
TIPP: Du kannst das Merkwissen oben als Schreibplan nutzen.

a **Nutze deine Ergebnisse aus Aufgabe 3 (► S. 37) und fasse den Inhalt strophenweise zusammen. Die folgenden Formulierungen helfen dir.**

Das Gedicht beginnt mit / setzt ein mit ...
Daraufhin / Anschließend / Im Anschluss ...
In der zweiten/dritten/vierten Strophe ...
Abschließend / In der Schlussstrophe ...

b **Nutze deine Ergebnisse aus Aufgabe 4 (► S. 37), um die Sprechsituation darzustellen, z. B.:**
Der lyrische Sprecher, den die Leser/-innen sich aufgrund des Titels als ... vorstellen können, verbirgt sich hinter ... (V. ...). Aufgrund der Fragen, die an niemand Bestimmten gerichtet sind, wirkt ...

c **Deute formale und sprachliche Mittel mit Bezug zum Inhalt. Greife dabei auf die Aufgaben 5 und 6 (► S. 38) zurück und nutze die Formulierungshilfen. Belege deine Aussagen mit Textstellen.**
Das Gedicht besteht aus vier ... mit je vier ..., die durch einen ...reim miteinander verbunden sind.
Das Metrum ist ... Während der ...reim ... Dazu passt, dass der letzte Vers nach ... Sprachlich fällt auf, ...

d **Ordne das Gedicht mit Hilfe der Information rechts zeitlich und in Bezug auf das Motiv der Liebe in die Epoche der Neuen Sachlichkeit ein.**

In der **Neuen Sachlichkeit** (ca. 1918–1933) geht es um eine realistische Darstellung der Wirklichkeit. Auch die Liebe wird nüchtern und oft illusionslos beschrieben.

3 **Fasse zum Schluss die wesentlichen Ergebnisse in deinem Heft zusammen und nimm Stellung, z. B.:**
Wie beantwortet das Gedicht seine selbst gestellte Frage: „Was will das Herz?" Die Antwortet lautet, ...
Diese Einstellung des lyrischen Sprechers zur Liebe kann ich nachvollziehen / nicht nachvollziehen, weil ...

⊕ **4** **Schreibe im Heft aus der Perspektive des Herzens einen Brief an den lyrischen Sprecher des Gedichts, z. B.:**
Lieber Mensch, ich weiß, du bist unzufrieden mit mir, weil ... Aber ...

Eine Dramenszene interpretieren

Die Dramenszene untersuchen und verstehen

Methode **Eine Dramenszene untersuchen**

Die folgenden Untersuchungsschwerpunkte helfen dir dabei, eine Dramenszene genau zu verstehen:

1 **Stellung der Szene im Handlungsverlauf** (sofern das gesamte Drama bekannt ist)
  – Wo steht die Szene im Handlungsverlauf? Was ist ihr vorausgegangen, was folgt ihr?

2 **Inhalt und Thema der Szene**
  – Was geschieht in der Szene und im Verlauf des Gesprächs? Welche Figuren treten auf?

3 **Figuren- und Gesprächsanalyse**
  – Wie stehen die Figuren zueinander **(Figurenkonstellation)?** Welche **Absichten** verfolgen sie?
  – Wie verhalten sich die Figuren? Verändert sich ihr **Verhalten** im Laufe des Gesprächs?
  – Welche **Gedanken und Gefühle** werden deutlich? Achte z. B. auf Regieanweisungen.
  – Wie sind die **Redeanteile** der Figuren verteilt? Wer ist initiativ, wer reagiert?
  – Was zeichnet die **Sprache** einer Figur aus (Sprachstil, Wortwahl, rhetorische Mittel)?

TIPP: Lies die **Regieanweisungen** aufmerksam.

1 **Lies den Szenenauszug und markiere dabei wichtige Textstellen.**

Friedrich Dürrenmatt

Die Physiker (1962), 1. Akt der Komödie

In der psychiatrischen Anstalt „Les Cerisiers" sind bereits zwei Krankenschwestern ermordet worden. Täter sind zwei Patienten, die sich als die Physiker Einstein und Newton ausgeben. Sie bekennen sich zu ihrer Tat, können von der Polizei aber nicht zur Verantwortung gezogen werden, weil sie als unzurechnungsfähig gelten. Dritter im Bund der „verrückten" Physiker ist Möbius, der vorgibt, seine wissenschaftlichen Erkenntnisse den Offenbarungen des Königs Salomo zu verdanken. In Wirklichkeit aber hat Möbius sich freiwillig in ein „Irrenhaus" zurückgezogen, weil er seine bahnbrechenden Erkenntnisse für zu gefährlich hält.
Unmittelbar vor der folgenden Szene erhält Möbius Besuch von seiner Exfrau und seinen Söhnen, die sich für immer von ihm verabschieden. Um ihnen den Abschied zu erleichtern, spielt Möbius auf abschreckende Weise den Verrückten. Anschließend bleibt er mit Schwester Monika im Zimmer zurück.

Schwester Monika: Herr Möbius.
Möbius *bleibt stehen:* Schwester Monika?
Schwester Monika: Ich habe mit Ihnen zu reden.
Möbius: Bitte.
Schwester Monika: Es geht um uns beide.
Möbius: Nehmen wir Platz.
Sie setzen sich. Sie aufs Sofa, er auf den Sessel links davon.

Schwester Monika: Auch wir müssen voneinander Abschied nehmen. Auch für immer.
Möbius *erschrickt:* Sie verlassen mich?
Schwester Monika: Befehl.
Möbius: Was ist geschehen?
Schwester Monika: Man versetzt mich ins Hauptgebäude. Morgen übernehmen hier Pfleger die Bewachung. Eine Krankenschwester darf diese Villa nicht mehr betreten.
Möbius: Newtons und Einsteins wegen?
Schwester Monika: Auf Verlangen des Staatsanwalts. Die Chefärztin befürchtete Schwierigkeiten und gab nach.
Schweigen.

Möbius *niedergeschlagen:* Schwester Monika, ich bin unbeholfen. Ich verlernte es, Gefühle auszudrücken, die Fachsimpeleien mit den beiden Kranken, neben denen ich lebe, sind ja kaum Gespräche zu nennen. Ich bin verstummt, ich fürchte, auch innerlich. Doch Sie sollen wissen, daß für mich alles anders geworden ist, seit ich Sie kenne. Erträglicher. Nun, auch diese Zeit ist vorüber. Zwei Jahre, in denen ich etwas glücklicher war als sonst. Weil ich durch Sie, Schwester Monika, den Mut gefunden habe, meine Abgeschlossenheit und mein Schicksal als – Verrückter – auf mich zu nehmen. Leben Sie wohl. *Er steht auf und will ihr die Hand reichen.*

Schwester Monika: Herr Möbius, ich halte Sie nicht für – verrückt.

Möbius *lacht, setzt sich wieder:* Ich mich auch nicht. Aber das ändert nichts an meiner Lage. Ich habe das Pech, daß mir der König Salomo erscheint. Es gibt nun einmal nichts Anstößigeres als ein Wunder im Reiche der Wissenschaft.

Schwester Monika: Herr Möbius, ich glaube an dieses Wunder.

Möbius *starrt sie fassungslos an:* Sie glauben?

Schwester Monika: An den König Salomo.

Möbius: Daß er mir erscheint?

Schwester Monika: Daß er Ihnen erscheint.

Möbius: Jeden Tag, jede Nacht?

Schwester Monika: Jeden Tag, jede Nacht.

Möbius: Daß er mir die Geheimnisse der Natur diktiert? Den Zusammenhang aller Dinge? Das System aller möglichen Erfindungen?

Schwester Monika: Ich glaube daran. Und wenn Sie erzählten, auch noch der König David erscheine Ihnen mit seinem Hofstaat, würde ich es glauben. Ich weiß einfach, daß Sie nicht krank sind. Ich fühle es.

Stille. Dann springt Möbius auf.

Möbius: Schwester Monika! Gehen Sie!

Schwester Monika *bleibt sitzen:* Ich bleibe.

Möbius: Ich will Sie nie mehr sehen.

Schwester Monika: Sie haben mich nötig. Sie haben sonst niemand mehr auf der Welt. Keinen Menschen.

Möbius: Es ist tödlich, an den König Salomo zu glauben.

Schwester Monika: Ich liebe Sie.

Möbius starrt Schwester Monika ratlos an, setzt sich wieder, Stille.

Möbius *leise, niedergeschlagen:* Sie rennen in Ihr Verderben. [...] Schwester Monika. Sie haben mir Ihren Glauben und Ihre Liebe gestanden. Sie zwingen mich, Ihnen nun auch die Wahrheit zu sagen. Ich liebe Sie ebenfalls, Monika.

Sie starrt ihn an.

Möbius: Mehr als mein Leben. Und darum sind Sie in Gefahr. Weil wir uns lieben.

Aus Zimmer Nummer 2 kommt Einstein, raucht eine Pfeife.

[...]

Einstein [...] *Er schaut die beiden scharf an:* Ihr liebt einander?

Schwester Monika: Wir lieben uns.

Einstein geht nachdenklich hinaus in den Hintergrund, wo die ermordete Schwester lag, betrachtet die Kreidezeichnung am Boden.

Einstein: Auch Schwester Irene und ich liebten uns. Sie wollte alles für mich tun, die Schwester Irene. Ich warnte sie. Ich schrie sie an. Ich behandelte sie wie einen Hund. Ich flehte sie an zu fliehen. Vergeblich. Sie blieb. Sie wollte mit mir aufs Land ziehen. Nach Kohlwang. Sie wollte mich heiraten. Sogar die Bewilligung hatte sie schon. Von Fräulein Doktor von Zahnd. Da erdrosselte ich sie. Die arme Schwester Irene. Es gibt nichts Unsinnigeres auf der Welt als die Raserei, mit der sich die Weiber aufopfern. R

2 a Monika und Möbius gestehen sich gegenseitig ihre Liebe, aber sie empfinden dabei ganz unterschiedlich. Kreuze die beiden Aussagen an, die zutreffend sind.

A ☐ Monika ist ernüchtert, weil sie weiß, dass ihre Liebe keine Zukunft hat.

B ☐ Monika ist beglückt und möchte sich um Möbius kümmern.

C ☐ Möbius will in seiner Begeisterung mit Monika fliehen und sie heiraten.

D ☐ Möbius ist verzweifelt, weil Monika sich nicht zurückweisen lässt.

b Der Grund für Möbius' inneren Konflikt bleibt in dieser Szene unausgesprochen. Umkreise die richtige Antwort links.

Ruhe und Frieden ←
Frau und Kinder ← im Konflikt mit → Liebe zu Monika
Verantwortung als Wissenschaftler ←

3 Erkläre die Funktion von Einsteins Auftritt im Hinblick auf die weitere Handlung.

Einstein hat mit Schwester Irene genau dasselbe

Nach dem Gesetz der Serie nimmt Einstein also voraus,

4 Beschreibe den Standort der Szene knapp.

Die Szene steht unmittelbar vor

5 **Untersuche das Gespräch genauer. Streiche die falschen Aussagen durch.**
TIPP: Lies noch einmal im Text nach und achte besonders auf die Regieanweisungen.

Zu Beginn des Gesprächs teilt Monika Möbius in einem begeisterten / in einem noch eher nüchternen Tonfall mit, dass sie in ein anderes Gebäude der Heilanstalt versetzt wurde. Möbius reagiert auf diese Ankündigung erstaunt und verunsichert / gelassen und bekennt ohne Umschweife / etwas stockend und umständlich, dass Monika für ihn, den Verrückten, in den letzten Jahren ein Trost gewesen sei. Als Monika ihm daraufhin verständlicherweise/überraschenderweise eröffnet, dass sie ihn nicht für verrückt hält und zudem an den König Salomo glaubt, weist Möbius sie erschrocken ab / ist Möbius am Ziel seiner Träume. Dennoch kommt es nun zum Geständnis gegenseitiger Liebe, die Möbius allerdings immer wieder mit Hinweisen auf die Gefahren für Monika / auf ihre rosigen Zukunftsaussichten unterbricht. Schließlich begreift Möbius resigniert/erleichtert, dass er Monika nicht von ihrer Liebe abbringen kann. Einsteins Rückblick auf seine tödlich/glücklich verlaufende Beziehung mit Schwester Irene am Ende der Szene weist auf die folgenden Ereignisse voraus.
Insgesamt sind die Gesprächsanteile sehr ungleich / eher ausgewogen, weil beide Figuren sich etwas Wichtiges zu sagen haben. Während Monikas Stimmung aber steigt/sinkt, weil sie an eine gemeinsame Zukunft glaubt, freut sich / verzweifelt Möbius zunehmend. Die Verantwortung für seine wissenschaftlichen Erkenntnisse ist ihm wichtiger / weniger wichtig als seine Liebe zu Monika.

6 **Untersuche die Sprache genauer.**

a **Erkläre, warum Möbius eine ganze Reihe von Fragen stellt (vgl. Z. 45–53).**

b **Welches Adjektiv beschreibt den Tonfall von Monikas Antworten am besten (vgl. Zeilen 43–57)? Kreuze an.**

A ☐ skeptisch
B ☐ interessiert
C ☐ hingebungsvoll
D ☐ ironisch

c **Markiere im Text (▸ S. 41) eine dringende Aufforderung, mit der das Gespräch eine entscheidende Wendung nimmt.**
TIPP: Beachte den Imperativ.

Die Dramenszene schriftlich interpretieren

Methode Schreibplan für die Interpretation einer Dramenszene

- In der **Einleitung** nennst du – falls möglich – Szene und Akt (z. B. in der 4. Szene des 1. Akts), die Art des Textes (z. B. Drama oder genauer: Komödie, Tragödie), den Titel des Stücks, den Namen des Autors / der Autorin, das Entstehungsjahr bzw. das Jahr der Erstaufführung (sofern angegeben) und das Thema der Szene.
- Im **Hauptteil** ordnest du die Szene knapp in den Handlungsverlauf ein, gibst den Inhalt der Szene kurz mit eigenen Worten wieder und verfasst schließlich eine Interpretation der Figurenbeziehung und des Dialogs. Dabei nimmst du das Verhalten der Figuren im Verlauf des Gesprächs und die Sprache besonders in den Blick. Belege deine Aussagen mit Zitaten.
- Ziehe zum **Schluss** ein Fazit, beurteile die Szene oder bewerte das Verhalten der Figuren.

1 a **Welche der folgenden Formulierungen trifft das Thema der Szene? Kreuze an.**

A ☐ erlösende Geständnisse

B ☐ der dritte Mord

C ☐ eine Liebe ohne Zukunft

D ☐ Einsteins Prophezeiung

b **Formuliere in deinem Heft die Einleitung deiner Interpretation, z. B.:**

In dieser Szene aus dem ersten Akt der Komödie „..." von ... aus dem Jahr 1962 gestehen sich ... Doch während Monika ..., erkennt Möbius ...

2 a **Ordne zu Beginn des Hauptteils die Szene in den Handlungszusammenhang des Dramas ein. Nutze dazu die Informationen aus dem Vorspanntext (▸ S. 40) und deine Ergebnisse aus Aufgabe 4 von Seite 42. Schreibe in dein Heft, z. B.:**

Die Szene steht kurz vor Schluss des ..., der mit dem Mord an Schwester Monika endet. Zuvor ... Unmittelbar vor dem Gespräch ...

b **Fasse anschließend die Handlung der Szene im Heft kurz zusammen. Nutze dafür deine Ergebnisse aus Aufgabe 5 (S. 43) und geeignete Satzanfänge aus dem Wortspeicher.**
TIPP: Schreibe im Präsens (Vorzeitigkeit = Perfekt).

Zu Beginn der Szene • Im Anschluss / Anschließend • Daraufhin • Zum Schluss der Szene • Als • Dennoch • Nachdem

3 **Markiere in dem folgenden Auszug aus einer Interpretation Textstellen, in denen der Dialog gedeutet wird.**
TIPP: Deutungen erklären, stellen Zusammenhänge her, ziehen Schlussfolgerungen.

Zu Beginn des Gesprächs schlägt Monika einen sachlich-nüchternen Tonfall an, weil sie lediglich von ihrer beruflichen Versetzung berichten will. Erst die unerwartet betroffene Reaktion von Möbius auf diese Neuigkeit, macht ihr begreiflich, wie Möbius zu ihr steht, und ermutigt sie im Anschluss dazu, ihre wahren Gedanken auszusprechen.

Methode **Möglichkeiten der Redewiedergabe**

Die Figurenrede kann wiedergegeben werden als
- **wörtliches Zitat,** z. B.:
  Möbius offenbart Monika, dass sie sein Leben „erträglicher" (Z. 29) gemacht hat.
- **indirekte Rede mit Konjunktiv** (▸ S. 57), z. B.:
  Möbius offenbart Monika, sie habe sein Leben erträglicher gemacht (vgl. Z. 27–29).
- **Paraphrase** (= Wiedergabe mit eigenen Worten), z. B.:
  Im traurigen Anstaltsalltag ist Monika für Möbus ein Lichtblick (vgl. Z. 27–29).

4 **Nutze verschiedene Formen der Redewiedergabe. Denke dabei jeweils an korrekte Zeilenangaben.**

a **Belege die deutende Aussage links mit Hilfe des angegebenen Zitats. Zitiere wörtlich.**

A Monika ist ihrerseits verrückt. → „Herr Möbius, ich glaube an dieses Wunder" (Z. 43–44).

Es wird deutlich, dass Monika ______________________________,

als sie sagt ______________________________

b **Gib die grau markierte Äußerung von Möbius in der indirekten Rede mit Konjunktiv wieder.**
TIPP: Achte auch auf die Umstellung der Pronomen und deren korrekte Schreibung.

B „Doch Sie sollen wissen, daß für mich alles anders geworden ist, seit ich Sie kenne." (Z. 28–29)

Möbius gesteht Monika, für ______________________________

____

c **Paraphrasiere die folgende Textstelle knapp und mit eigenen Worten.**

C „Und wenn Sie erzählten, auch noch der König David erscheine Ihnen mit seinem Hofstaat, würde ich es glauben. Ich weiß einfach, daß Sie nicht krank sind. Ich fühle es." (Z. 54–57)

____

____

____

____

5 **Setze deinen Hauptteil im Heft fort, indem du die Beziehung der Figuren und ihr Gesprächsverhalten interpretierst. Gehe dabei auch auf sprachliche Auffälligkeiten ein und arbeite mit Textbelegen.**
TIPP: Deine Vorarbeiten aus Aufgabe 5 und 6 (▸ S. 43) helfen dir.

6 **Formuliere in deinem Heft einen Schluss. Gehe dabei auf die Funktion der Szene im Ganzen ein, z. B.:**
In dieser Szene wird deutlich, dass es für Möbius kein Entrinnen ... Selbst die Liebe ...

⊕ **7** **Diese Szene enthält komödiantische Elemente. Begründe diese Aussage.**

Einen argumentierenden Sachtext analysieren

Einen Kommentar erschließen und verstehen

Information **Einen argumentierenden Sachtext erschließen I: Die Lesemethode**

Bevor du einen argumentierenden Sachtext, z. B. einen Kommentar, schriftlich analysieren kannst, solltest du ihn sorgfältig erschließen. Die ersten Schritte der **Lesemethode** helfen dir dabei, ein grundsätzliches Verständnis zu entwickeln.

1 **Schritt: Verschaffe dir einen Überblick**
- Orientiere dich im Text, indem du die Überschriften und die Anfänge der Absätze liest.
- Betrachte, falls vorhanden, Bilder und Diagramme.
- Überlege, worum es geht und welche Position der Autor / die Autorin zum Thema einnimmt.

2 **Schritt: Lies den Text zügig und bilde „Verstehensinseln"**
- Unterstreiche mit Bleistift, was du wichtig findest.
- Mache dir klar, was du nach deiner ersten Lektüre bereits verstanden hast.

3 **Schritt: Lies den Text Absatz für Absatz intensiv**
- Kläre die Bedeutung schwieriger Wörter.
- Fasse die Absätze jeweils in Form einer Zwischenüberschrift zusammen.
- Markiere im Text Schlüsselwörter oder -formulierungen, die zu den Zwischenüberschrift passen.

Bei einem argumentierenden Text erschließt du im Anschluss auch den **Argumentationsaufbau** bzw. die Gedankenführung (▸ S. 49) und die **Sprache** (▸ S. 50).

1 **a** **Orientiere dich in dem folgenden Kommentar. Lies dazu die Überschrift und die ersten Zeilen der Absätze und betrachte die Karikaturen. Kreuze dann an, worum es in diesem Kommentar geht.**

☐ **A** Es geht im Kern um die Rettung der Buchbranche.

☐ **B** Es geht um eine ernste Notlage der Buchbranche und ihre Gründe.

☐ **C** Es geht um die psychischen Gefahren, die von einem umfangreichen Serienkonsum ausgehen.

b **Schreibe aus dem Vorspann zwei Gründe für die Krise der Buchbranche heraus.**

____

____

Die Buchbranche steckt in einer existenziellen Krise (2018)

Netflix-Serien sind oft literarischer als ein Roman, die Sehnsucht nach Kurztexten ist groß. Es liegt ein Schatten über dem Start der Buchmesse.
Ein Kommentar von **Gerrit Bartels**

Die Frankfurter Buchmesse ist eröffnet und alles wird dort bis kommenden Sonntag sein wie immer: Viel los auf dem Messegelände, überall Bücher, überall Lesungen, überall Menschen, die über Bücher debattieren. Business as usual könnte man meinen. Doch nur dem Anschein nach.

Denn erstmals seit vielen, vielen Jahren, vielleicht überhaupt zum allerersten Mal, steckt die Branche in einer Krise. Und eben nicht in einer, die aus Geschäftsgründen so bezeichnet wurde, wie so oft in der Vergangenheit, um die Bedeutung des Buches in schönen Reden umso besser herausstreichen zu können, sondern in einer ernsthaften, ja, existenziellen Krise. Der Buchmarkt hat über einen Zeitraum von knapp fünf Jahren mehr als sechs Millionen Buchkäufer und Buchkäuferinnen verloren. Das hat ihm ökonomisch bislang wenig ausgemacht, weil das verbliebene Lesepublikum mehr Bücher gekauft hat, weil es in Deutschland noch eine Buchpreisbindung gibt und Bücher im Schnitt sogar ein bisschen teurer geworden sind. Dramatisch ist dieser Rückgang deshalb, weil es dieses Mal an die Substanz geht, an das, was den Buchmarkt in seinem Innersten ausmacht, ans Lesen, die Freude am Lesen, am langen, intensiven Lesen.

In der Branche ist man sich relativ einig, was die Gründe angeht, aus denen weniger oft zum Buch gegriffen, weniger gelesen wird. Zum einen wegen der schnellen sozialen Medien, des Smartphones, mit dem sich gerade bei Langeweile die Zeit noch besser vertreiben lässt als beispielsweise mit einem Unterhaltungsroman, und sei dieser ein E-Book. Außerdem sind da Streamingdienste wie Netflix, die haufenweise Serien produzieren – und so manche davon ist besser, literarischer als ein Roman. Aber nicht nur das: Wer fünf Staffeln „Breaking Bad“ oder drei Staffeln „Narcos“ schaut, braucht Zeit, und diese Zeit wird in der digitalen Multitasking-Gesellschaft immer knapper.

Ob es wirklich damit getan ist, das Buch, das Lesen mehr zu inszenieren, zu eventisieren, um die Leserschaft zurückzugewinnen? Mit besseren Kauferlebnissen, mit Lesen in Fitness-Clubs, Beachclubs, in Buchhandlungen oder Speed-Dating zu Bücherthemen, wie es der Börsenverein in einem mit dem Buchhandel und den Verlagen erarbeiteten Dossier vorgeschlagen hat? All das klingt nicht nach der Vertiefung, die das Vertiefungsmedium Buch eigentlich braucht.

Krisenverschärfend wirkt überdies, dass im Moment auch literarische Institutionen kein Vertrauen schaffen: Man denke an den Rowohlt Verlag, eine der ersten Adressen in Deutschland für anspruchsvolle Literatur. Der hat doch ziemlich holterdiepolter seine verlegerische Geschäftsführerin ausgetauscht, ohne wirklich erkennbare Not. Und noch symbolhafter wirkt es, dass dieses Jahr kein Literaturnobelpreis vergeben worden ist, weil die den Preis vergebende Akademie sich untereinander komplett überworfen hat und sich zu keinem Neuanfang imstande sieht. Wer es bisher nicht getan hat, wird sicher auch in Zukunft keine mit dem Literaturnobelpreis geadelten Bücher lesen.

Alle Anzeichen jedenfalls deuten darauf hin, dass die Buchbranche sich in einer manifesten Krise einrichten muss – da kann es auf der Frankfurter Buchmesse noch so bunt und vielfältig zugehen.

2 **a** Lies den Text zügig durch und unterstreiche mit Bleistift, was dir wichtig erscheint.
b Halte zwei wichtige Aussagen fest, die du nach der ersten Lektüre verstanden hast.

3 Lies den Text nun Absatz für Absatz intensiv.
a Erkläre die folgenden Begriffe aus dem Textzusammenhang. Ziehe Verbindungslinien.

A existenziell (Überschrift)	1 offenkundig, eindeutig erkennbar
B Buchpreisbindung (Z. 17)	2 mehrere Tätigkeiten gleichzeitig verrichten
C Multitasking (Z. 27)	3 Sammlung verschiedener Schriftstücke zu einem Thema
D eventisieren (Z. 28)	4 ein überall gültiger, festgelegter Preis
E Dossier (Z. 31)	5 das Dasein betreffend, (über)lebenswichtig
F manifest (Z. 55)	6 werbende Erlebnismomente schaffen

b Nummeriere die folgenden Zwischenüberschriften für die Absätze in der richtigen Reihenfolge.

- [ ] Vertrauensschwund in Institutionen
- [ ] Konkurrenz durch andere Medien
- [1] Buchmesse spiegelt Normalität nur vor
- [ ] Eventisierung hilft der Literatur nicht wirklich
- [ ] Bedrohlicher Verlust an Käufern und Lesern
- [ ] Fazit: Offenkundige Krise

c Markiere im Text Schlüsselwörter, die zu den Zwischenüberschriften passen. Gehe sehr sparsam vor.
TIPP: Für den ersten Absatz ist das bereits gemacht.

4 Überprüfe dein Textverständnis, indem du die folgende Aussage erklärst.

„All das klingt nicht nach der Vertiefung, die das Vertiefungsmedium Buch eigentlich braucht" (Z. 31–32).

Für den Autor ist das Buch ein Medium, das

Information **Einen argumentierenden Sachtext erschließen II: Der Argumentationsaufbau**

In argumentierenden Texten vertreten Autorinnen und Autoren einen bestimmten Standpunkt, von dem sie ihre Leserschaft überzeugen wollen. Dafür nutzen sie mal offen und mal versteckter bestimmte Strategien der **Leserlenkung.** Neben den **sprachlichen Mitteln** (▸ S. 50) spielt dabei vor allem die **Gedankenführung** bzw. der **Argumentationsaufbau** eine wichtige Rolle.
Die folgenden Leitfragen helfen dir dabei, den Argumentationsaufbau zu verstehen:

- Welche **These** oder Position vertritt der Autor oder die Autorin?
- Wird eine **Antithese** oder eine Gegenposition benannt?
- Wird die eigene These durch **Argumente** begründet und werden **Gegenargumente** entkräftet?
- Wird ein **Fazit** oder eine Schlussfolgerung gezogen?
- In welcher **Reihenfolge** werden These, Antithese und Fazit bzw. die Argumente angeführt?
- Welche **Funktion** haben die einzelnen Absätze?

5 **a** **Lies den Text noch einmal durch und gliedere ihn grob in These, Antithese und Fazit. Kreuze dann an, wie der Text aufgebaut ist.**

☐ These – Antithese – Fazit ☐ Antithese – These – Fazit ☐ Fazit – These – Antithese

b **Begründe kurz, warum dieser Aufbau des Textes im Sinne der Leserlenkung strategisch klug ist.**
TIPP: Denke daran, wie du deine eigenen Argumentationsaufsätze geschickt aufbaust.

____

____

6 **Beschreibe, welche Funktion die einzelnen Absätze haben. Ergänze dafür die folgenden Formulierungen an den richtigen Stellen.**

durch weitere Argumente gestützt • auf neue Medien zurückgeführt • als oberflächlich entlarvt • aufgestellt und als existenziell bewertet • entsprechend der These gezogen • benannt und bezweifelt

A	B	C
Antithese wird ______	These wird ______	Krise wird ______

D	E	F
Gegenargument wird ______	These wird ______	Fazit wird ______

Information **Einen argumentierenden Sachtext erschließen III: Sprachliche Mittel**

Auch mit Hilfe gezielt eingesetzter **sprachlicher Mittel** können Autorinnen und Autoren ihre **eigene Position untermauern** und ihre **Leserschaft beeinflussen.** Achte auf

- die **Wortwahl:** Gibt es auf- oder abwertende Formulierungen? Gibt es eine Wortwahl, mit der die Autorin oder der Autor ihre/seine Position stützt oder als dringlich darstellt?
- den **Sprachstil:** Ist der Tonfall z. B. provokant, sachlich, umgangs- oder fachsprachlich?
- **rhetorische Mittel:** Wird z. B. mit rhetorischen Fragen, Ironie, Übertreibungen oder mit auffälligen Wiederholungen gearbeitet?
- **Leseransprache:** Werden Leserinnen und Leser direkt angesprochen, z. B. durch eine rhetorische Frage oder einen Appell?

7 a Welche Formulierungen stärken die Position des Autors, dass es sich um eine schwere Krise handelt? Welche Formulierungen werten die Gegenposition ab? Ordne zu und schreibe auf die Linien.
TIPP: Überprüfe deine Zuordnungen mit Hilfe des Textes.

Business as usual (Z. 8) • schönen Reden (Z. 13) • ernsthaften (Z. 14) • existenziellen (Z. 14)
dramatisch (Z. 18) • Beachclubs (Z. 29) • krisenverschärfend (Z. 33) • manifesten (Z. 55)

Autorenposition stärkend: ____________________

____

Gegenposition abwertend: ____________________

____

b Der Autor nutzt immer wieder das Wort „Krise". Erläutere, was er damit erreichen will.

____

____

8 Benenne die beiden rhetorischen Mittel A und B und erkläre ihre Wirkungsabsicht.

A „Denn erstmals seit vielen, vielen Jahren …" (Z. 10) Mittel: ____________________

Wirkungsabsicht: ____________________

B „Ob es wirklich damit getan ist, das Buch, das Lesen mehr zu inszenieren, zu eventisieren, um die Leserschaft zurückzugewinnen?" (Z. 28–29) Mittel: ____________________

Wirkungsabsicht: ____________________

____

Eine Sachtextanalyse verfassen

Information **Eine Sachtextanalyse verfassen**

Je nach Aufgabenstellung untersuchst du bei einer Sachtextanalyse den Inhalt, die Gedankenführung (Argumentationsaufbau), die Sprache und die Intention (Aussageabsicht) des Textes.

- In der **Einleitung** nennst du die Textsorte, ggf. das Entstehungsjahr, den Titel, den Namen der Autorin / des Autors und machst Angaben zum Thema bzw. zur Kernaussage des Textes.
- Im **Hauptteil** fasst du die wesentlichen Aussagen des Textes knapp zusammen, erläuterst dabei die Gedankenführung (den Argumentationsaufbau) und gehst auch auf die Sprache ein. Belege deine Untersuchungsergebnisse mit Textbeispielen und zitiere korrekt.
- Zum **Schluss** nimmst du Stellung zum Thema, äußerst einen weiterführenden Gedanken oder ziehst ein Fazit.

Formuliere **sachlich** und verwende das **Präsens.** Gib Aussagen in der indirekten Rede im Konjunktiv wieder.

1 **Formuliere im Heft eine vollständige Einleitung. Beginne z. B. so:**
In seinem Kommentar „..." aus dem Jahr ... setzt der Autor ... sich mit dem Zustand der ... auseinander.

2 **Verfasse auf Grundlage deiner Vorarbeiten den Hauptteil deiner Sachtextanalyse in deinem Heft.**

a **Fasse die Kernaussagen des Textes so zusammen, dass die Gedankenführung klar wird, und gehe auch darauf ein, wie der Autor seine Position sprachlich stützt. Nutze den Textanfang und die Tipps rechts.**

Der Autor eröffnet seinen Kommentar mit der Antithese. Sie lautet, in der Buchbranche sei alles beim Alten, es herrsche „Business as usual" (Z. 8). Dieser Aussage stellt der Autor im zweiten Absatz seine eigene These und Position direkt gegenüber: „Denn ..." (Z. 10–12). Die Dringlichkeit seiner Position unterstreicht er mit Adjektiven wie „..." (Z. ...) und „..." (Z. ...). Seiner Ansicht nach haben nämlich viele Menschen die Lust am Lesen und vor allem am ausdauernden Lesen, z. B. von Romanen, verloren (vgl. Z. ...). Daraufhin erläutert er im dritten Absatz ...

Tipps für das Schreiben:
- Orientierung: Ziehe für deine Leser/-innen einen roten Faden durch deinen Text.
- Verknüpfung: Mache klar, wie deine Gedanken und Sätze zusammenhängen.
- Deutung: Wiederhole den Text nicht einfach, sondern erkläre ihn auch: Welche Funktion hat ein Abschnitt oder die Wortwahl?

b **Stelle am Ende deines Hauptteils die Wirkungsabsicht (die Intention) des Autors kurz dar, z. B.:**
Der Autor möchte mit seinem Kommentar ... bewirken, dass ...

3 **Teilst du die Sorgen des Autors in Bezug auf den Leserschwund? Nimm zum Schluss Stellung, z. B.:**
Ich teile die Position des Autors / teile die Position des Autors nicht, weil ...

⊕ **4** **Formuliere einen weiterführenden Gedanken zur Zukunft des Lesens. Schreibe in dein Heft.**

Grammatik

Was kannst du schon?

1 **a** Schreibe die Wortgruppen in Klammern im richtigen Kasus in die Lücken. (6 Punkte)
b Markiere den Kasus der eingesetzten Wortgruppen wie folgt:
Genitiv = gelb, Dativ = blau, Akkusativ = grün. (6 Punkte)

Sie klettern an ______________ (steile Eiswände) empor oder tauchen ohne Sauerstoffgerät in ______________ (Meerestiefe) von bis zu 200 Metern. Extremsportler/-innen gehen bei ______________ (ihre Aktionen) oft bis an ihr Limit und über ______________ (die Grenzen) der Vernunft hinaus. Aber warum tun sie das? „Bei ______________ (die Ausübung) des Extremsports produziert das Gehirn Glückshormone, die die Sportler/-innen in ______________ (ein rauschhafter Zustand) versetzen", erklärt Dr. Süß. „Ein Kick, der auch süchtig machen kann."

2 Entscheide jeweils, ob die markierte Verbform im Singular oder im Plural stehen muss. Streiche die falsche Verbform durch. (3 Punkte)

Fast alle Extremsportler/-innen nennt/nennen als Motivation für ihr hartes Training den „ultimativen Kick", den sie beim Ausüben dieser Risikosportart empfinden. „Eine Kombination aus Leidenschaft und Disziplin kennzeichnet/kennzeichnen diese Menschen", erklärt die Sportpsychologin Juliane Paar.
„Jeder Extremsportler, ob Eiskletterer, Ultra-Marathon-Läuferin oder Taucherin, braucht/brauchen aber neben Talent und Training auch eine ungeheure Portion Willenskraft."

3 Vorzeitigkeit – Gleichzeitigkeit – Nachzeitigkeit? Bestimme in den folgenden Sätzen das jeweilige Zeitverhältnis und setze dann die Verben in Klammern in das richtige Tempus. (4 Punkte)

Der Extrembergsteiger Reinhold Messner ______________ (verändern) die Kletterwelt, als er den Berg Nanga Parbat im Himalaja ohne Flaschensauerstoff im Alleingang ______________ (bezwingen). Nachdem er alle 14 Achttausender ______________ (besteigen), ______________ (suchen) der Abenteurer eine neue Herausforderung und ______________ (durchqueren) zu Fuß die Antarktis.

4 **Formuliere die Sätze A und B in die indirekte Rede um.
Nutze dabei den Konjunktiv I. Formuliere auch einen Redebegleitsatz. (4 Punkte)**

Marathon des Sables: Der Ultra-Marathon durch die Wüste

A Teilnehmerin: „Tagsüber ist es über 40 Grad und nachts fällt die Temperatur in der Wüste rapide ab."
B Läufer: „Ich habe die gesamte Verpflegung im Rucksack dabei. Nur das Wasser wird gestellt."

A) Eine Marathonteilnehmerin erklärt, tagsüber

5 **a Markiere alle Verbformen im Passiv grün. (2 Punkte)**
b Formuliere den kursiv gedruckten letzten Satz ins Passiv um. (2 Punkte)

Im Fußball, Tennis oder im Basketball wird im Profisport eine Menge Geld verdient. Bei Spitzensportlerinnen und Spitzensportlern aus anderen Disziplinen wie z.B. Leichtathletik, Schwimmen oder Fechten sieht das ganz anders aus. Diese Athleten werden vom Publikum während der Olympischen Spiele zwar gefeiert, verdienen aber laut einer Studie nur lächerliche 7,41 Euro pro Stunde. Im Sport hängt das Gehalt aber auch häufig vom Geschlecht ab. Männer verdienen im Sport fast immer mehr als die Frauen. *Dieses Ungleichgewicht kritisieren Profi-Sportlerinnen immer wieder.*

6 **a Überprüfe deine Lösungen mit Hilfe des Lösungsheftes. Notiere deine Punktzahl neben den Aufgaben.**
b Vergleiche dein Ergebnis mit der jeweiligen Höchstpunktzahl. Trage ein, wie du die einzelnen Aufgaben gelöst hast: ✓ = das meiste richtig; ? = noch etwas unsicher.

Aufgabe	1	2	3	4	5
Weitere Übungen	Seite 54	Seite 55	Seite 56	Seite 57–59	Seite 63

Präpositionen bestimmen den Kasus

Information **Präpositionen bestimmen den Kasus**

Präpositionen bestimmen den Kasus des folgenden Wortes / der folgenden Wortgruppe (meist ein Nomen mit Nomenbegleiter), z.B. ***bei*** *schlechtem Wetter* (Dativ), **wegen** des Jobs (Genitiv).

- **Präpositionen mit Akkusativ:** *bis, durch, für, gegen, ohne, um, wider,* z.B.: *Wider allen Erwartungen wurde er befördert.*
- **Präpositionen mit Dativ:** *ab, aus, bei, dank, gegenüber, mit, nach, nahe, seit, von, zu,* z.B.: *Bei guter Arbeit winkt eine Gehaltserhöhung.*
- **Präpositionen mit zwei Kasus (Dativ oder Akkusativ):** Einige Präpositionen stehen je nach Bedeutung mit dem Dativ oder dem Akkusativ, z.B.: *an, auf, hinter, in, neben, über, unter, vor, zwischen.*
  - Bei der Frage „Wo ...?" steht der Dativ, z.B.: *Die Unterlagen liegen auf dem Tisch.*
  - Bei der Frage „Wohin ...?" steht der Akkusativ, z.B.: *Sie legt die Unterlagen auf den Tisch.*
- **Präpositionen mit Genitiv:** *anstatt, aufgrund, dank, mittels, seitens, statt, trotz, während, wegen, zwecks,* z.B.: *Dank des neuen Jobs* reise ich jetzt an interessante Orte.

1 **Im Text fehlen an vielen Stellen die Endungen bei den Nomen und ihren Begleitern. Fülle die Lücken mit den richtigen Kasusendungen. Achte auf die kursiv gedruckten Präpositionen.**

Dank ih m sind die Röhren sicher

Er mache den Job nicht wegen de___ Geld___, beteuert Seb Smith, dem bei ein___ erfolgreich___ Abschluss seiner Arbeit 34.000 Euro Lohn in Aussicht stehen. „Während de___ nächst___ sechs Monate werde ich an interessant___ Ort___ reisen und trotz mein___ Job___ als Wasserrutschentester auch noch viel Zeit für interessant___ Unternehmung___ haben." Die Frage, ob ihm während seine___ Sommerjob___ das Rutschen nicht langweilig werden würde, verneint der Student aus England, der sich gegen die neidisch___ Kommentar___ auf seine___ Social-Media-Profil wehrt. Ein Tourismuskonzern hatte die Stelle ausgeschrieben und mit riesengroß___ Werbemaßnahme___ begleitet.

Aber: Gibt es unangenehme Seiten bei diese___ Tätigkeit? „Ja", erklärt der Student. „Trotz de___ riesengroße___ Rutschspaß___ darf man natürlich nicht vergessen, dass ich mich auch bei schlecht___ Witterungsverhältnisse___ in die kühl___ Flute___ stürzen muss."

Auf Subjekt-Verb-Kongruenz achten

Infokasten **Auf Kongruenz von Subjekt und Verb achten**

- In einem Satz muss sich das **Verb** (die gebeugte Verbform) **im Numerus an das Subjekt anpassen (Subjekt-Verb-Kongruenz),** d.h.: Ein singulares Subjekt erfordert ein Verb im Singular, ein plurales Subjekt erfordert ein Verb im Plural, z.B.:
  Der Fahrrad-Fischer lebt in Amsterdam. Die Fahrrad-Fischer leben in Amsterdam.
- Wenn das **Subjekt aus mehreren Teilen** besteht, die mit *und* oder *sowie* verbunden sind, steht das Verb in der Regel im Plural, z.B.: *Technik und Fortschritt bestimmen die Zukunft.*
- **Mengenangaben:** Wenn einem singularischen Mengenbegriff (z.B. *Anzahl, Gruppe, Hälfte, Masse, Mehrzahl, Menge, Paar, Reihe*) das Gezählte im Plural folgt (*Äpfel, Leute, Jugendliche*), dann steht das Verb überwiegend im Singular, kann aber auch im Plural stehen. Beides ist richtig, z.B.: *Eine Menge Büros ist/sind mit einem Kicker ausgestattet.*

1 **Markiere im folgenden Text das jeweilige Subjekt und entscheide dann, ob die markierte Verbform im Singular oder Plural stehen muss oder beide Formen möglich sind. Streiche jeweils die falsche Verbform. TIPP: Ein Subjekt kann auch aus mehreren Teilen bestehen.**

New Work: Das Büro der Zukunft

Einer neuen Studie zufolge reicht/reichen Luxusdienstwagen, jährliche Bonuszahlungen oder Gutscheine für ein Nobelrestaurant als Motivation für viele Arbeitnehmer/-innen nicht mehr aus. Gerade für junge Berufseinsteiger ist/sind ein gewisser Wohlfühlfaktor und ein interessantes Aufgabenfeld am Arbeitsplatz wichtig. Aus diesem Grund passt/passen sich eine große Anzahl von Firmen an die neuen Bedürfnisse ihrer Mitarbeiter und Mitarbeiterinnen an: Ein Freizeitraum mit Kicker, Spielekonsole und Hängematte sorgt/sorgen für Spaß und die nötige Entspannung in den Pausen, eine Kaffeeküche mit Sofa-Lounge, ein Fitnessstudio oder ein Restaurant bietet/bieten Raum für den kreativen Austausch in lockerer Atmosphäre.

2 **Singular oder Plural? Setze in den folgenden Sätzen die Verbformen im richtigen Numerus ein.**

A Computerspielen während der Arbeitszeit ______________ (werden) beispielsweise bei einigen Social-Media-Unternehmen gern gesehen.

B Mit dem Gokart oder mit dem Fahrrad durchs Büro: Diese und ähnliche Angebote ______________ (gefallen) Niklas wie auch anderen Mitarbeitern und Mitarbeitern, die auf einem Firmen-Campus im Silicon Valley arbeiten.

⊕ **3** **Formuliere Sätze zum Thema „Büro der Zukunft", in denen du die Wortgruppen aus dem Kasten als Subjekte verwendest. Achte auf die richtige Subjekt-Verb-Kongruenz.**

eine große Anzahl an Firmen – mehr als die Hälfte – sowohl Niklas als auch Fadime

Rund ums Verb

Die richtigen Tempora verwenden

Information **Zeitverhältnisse: Vorzeitigkeit, Gleichzeitigkeit, Nachzeitigkeit**

- **Vorzeitigkeit:** Wenn das **Geschehen im Nebensatz vor dem Geschehen des Hauptsatzes** verläuft, gelten in der Regel folgende Kombinationen:

Hauptsatz	Nebensatz	Beispiel
Präsens/Futur	Perfekt	*Ich halte ein Referat / Ich werde ein Referat halten, nachdem ich mich informiert habe.*
Perfekt/ Präteritum	Plusquamperfekt	*Berufe starben aus / sind ausgestorben, nachdem Maschinen die Arbeit übernommen hatten.*

<u>TIPP</u>: Bei **Gleichzeitigkeit** und **Nachzeitigkeit** wird in Haupt- und Nebensatz das gleiche Tempus verwendet, z. B.: *Viele Chefs <u>schauen</u> ihren Mitarbeitern über die Schulter, während sie <u>arbeiten</u>. Ehe die Firma Gewinn <u>abwarf</u>, <u>vergingen</u> fünf Jahre.*

1 **a Ergänze die Lücken im richtigen Tempus.**
b Bestimme das jeweilige Zeitverhältnis in den Sätzen und kreuze die richtigen Kästchen an.

Kuriose Berufe

– Bevor man das funkbasierte Rundsichtradar ______________ (erfinden), gab es den Beruf des „Flugzeuglauschers“, der Himmelsgeräusche mit Hilfe spezieller Ohrmuscheln in Übergröße ortete.

Vorzeitigkeit ☐ Gleichzeitigkeit ☐ Nachzeitigkeit ☐

– Der Haderlump oder Lumpensack ist vielen als Schimpfwort geläufig, seitdem das Lumpensammeln seine Bedeutung für die Rohstoffgewinnung von Papier ______________ (verlieren).

Vorzeitigkeit ☐ Gleichzeitigkeit ☐ Nachzeitigkeit ☐

– Nachdem man die Feueralarmanlage ______________ (erfinden), verschwand der Beruf des Türmers, der im Mittelalter die Einwohner einer Stadt vor Feuer und Gefahren warnte.

Vorzeitigkeit ☐ Gleichzeitigkeit ☐ Nachzeitigkeit ☐

⊕ **2** **Bilde aus den Stichworten Satzgefüge. Mache die Zeitenfolge durch die Nutzung der richtigen Tempora deutlich. Achte auf die Kommasetzung und verwende die folgenden Konjunktionen: *nachdem, sobald, während.***

– Taxi-, Bus- und LKW-Fahrer/-innen müssen Job aufgeben – autonomes Fahren hat sich endgültig durchgesetzt
– alle haben Haushaltsroboter, wir können faul auf dem Sofa liegen – die automatischen Putzhilfen arbeiten

Der Konjunktiv I in der indirekten Rede

Information **Der Konjunktiv I in der indirekten Rede**

Mit der **indirekten Rede** gibt man wieder, was jemand anderes gesagt hat. Anders als in der direkten Rede steht das Verb in der indirekten Rede im **Konjunktiv I.**

- **direkte Rede (im Indikativ):** *Frau Gün: „Ich* ***lege*** *Wert auf Zuverlässigkeit."*
- **indirekte Rede (im Konjunktiv):** *Frau Gün erklärt, sie* ***lege*** *Wert auf Zuverlässigkeit.*

Bildung des Konjunktivs I
Der Konjunktiv I wird durch den Präsensstamm des Verbs (Infinitiv ohne *-en*) und die Personalendungen für den Konjunktiv I gebildet, z. B.:
Präsensstamm: *komm-en*
Konjunktiv I: *ich komm-e, du komm-est, er/sie/es komm-e, wir komm-en, ihr komm-et, sie komm-en*

1 **In einem Forum für Berufsberatung berichtest du von den Ratschlägen, die du erhalten hast.**

a **Forme die folgenden Aussagen in die indirekte Rede um. Verwende den Konjunktiv I und formuliere einen Redebegleitsatz.**

b **Markiere bei deinen Sätzen in indirekter Rede die Verben im Konjunktiv I.**

A Oma: „Du musst etwas Anständiges lernen."

Meine Oma sagt, ich müsse etwas Anständiges lernen.

B Onkel: „Ich empfehle dir eine Karriere bei der Bank."

C Tante: „Als Künstlerin hat man es immer schwer."

D Mutter: „Mit einem Studium steht dir die Welt offen."

E Vater: „Als Handwerker kannst du überall arbeiten."

Information **Ersatzformen für den Konjunktiv I**

Wenn sich der Konjunktiv I nicht vom Indikativ Präsens unterscheidet, verwendet man in der Regel den **Konjunktiv II** oder die ***würde*-Ersatzform,** z.B.:

Indikativ	→ Konjunktiv I	→ Konjunktiv II	→ *würde*-Ersatzform
Er sagt: „Wir profitieren davon."	*Er sagt, sie profitieren davon.*	*Er sagt, sie profitierten davon.*	*Er sagt, sie würden davon profitieren.*

Der Konjunktiv II wird in der Regel vom **Indikativ Präteritum** abgeleitet und mit der Personalendung des Konjunktivs gebildet, z.B. *ich ging-e, du ging-est, er ging-e, wir ging-en, ihr ging-et, sie ging-en.*
TIPP: Wenn bei der indirekten Rede durch den Redebegleitsatz deutlich wird, wer der Sprecher / die Sprecherin ist, kann man anstelle des Konjunktivs auch den Indikativ verwenden, z.B.:
Linda erklärt, dass ihr die Ausbildung keinen Spaß macht/mache.
Laut der Berufsberaterin sind/seien ...; Nach Meinung des Ausbildungsleiters macht/mache ...

2 a Gib die folgenden Antworten aus dem Berufsberatungsforum in indirekter Rede wieder. Entscheide, ob du den Konjunktiv I oder den Konjunktiv II bzw. die *würde*-Ersatzform verwenden solltest.

b Markiere bei deinen Sätzen in indirekter Rede die Verbformen. Wenn du die Ersatzform (Konjunktiv II oder die *würde*-Form) gewählt hast, notiere, warum.

A „Eltern reagieren oft nicht klug, wenn ihre Kinder einen etwas ausgefalleneren Berufswunsch haben", erklärt Marie Deimel von der Agentur für Arbeit.

Marie Deimel erklärt, Eltern würden oft nicht klug reagieren, wenn ihre

würde-Ersatzform, weil ...

B „Natürlich gibt es die Top Ten der beliebtesten Berufe. Daneben existieren aber noch viele andere spannende Alternativen", meint Ruben Maanema vom Berufszentrum Kamp-Bornhofen.

3 Gib Satz A in indirekter Rede im Indikativ wieder. Mache deutlich, wer spricht (▶ Merkwissen oben).

⊕ **4 Nimm deine Sätze in indirekter Rede aus Aufgabe 2 und 3 als Sprachnachricht auf. Wie wirkt die indirekte Rede im Konjunktiv in der mündlichen Sprache, wie die indirekte Rede im Indikativ?**

5 **Indikativ oder Konjunktiv? Sreiche im folgenden Text die falschen Verbformen durch. Achte darauf, die indirekte Rede im Konjunktiv wiederzugeben.**

Unglaublich! „Lady Gaga" als Uni-Seminar

Sie ist ein Weltstar, immer für einen Skandal gut und jetzt auch Studienobjekt: Lady Gaga. An der amerikanischen Universität von South Carolina können/könnten Studierende ein Semester lang „Lady Gaga" studieren. Der Kurs mit dem Titel „Lady Gaga und die Soziologie des Ruhms" behandelt/behandele die Voraussetzungen und Bedingungen von Ruhm und untersucht/untersuche, welche Rolle die neuen Medien hierbei spielen/spielten. Professor Mathieu Deflem versichert zwar, dass er selbst ein großer Fan der Sängerin ist/sei und schon mehr als 30 ihrer Konzerte besucht hat/habe, aber im Kurs steht/stehe nicht Lady Gagas Musik im Vordergrund. Trotzdem empfiehlt er denjenigen, die die Künstlerin und ihre Musik gar nicht mögen/mögen würden, besser einen anderen Kurs zu wählen. Dass das Seminar durchaus anspruchsvoll ist/sei, zeigt/zeige auch der Arbeitsaufwand, der in der Kursbeschreibung skizziert wird/skizziert werde. Zusätzlich zu den Veranstaltungen sollen/sollten die Kursteilnehmer/-innen wöchentlich vier Stunden Arbeitszeit in ihre Gaga-Studien stecken sowie diverse Bücher und wissenschaftliche Artikel lesen. Wer auf eine Spaßveranstaltung mit Musikbeschallung und Videoschauen hofft/hoffe, ist/sei in diesem Kurs also falsch, so Mathieu Deflem.

Mit dem Konjunktiv II Wünsche ausdrücken

Information **Konjunktiv II (Irrealis)**

Mit dem **Indikativ** drückst du aus, dass etwas **wirklich (real)** ist, z.B.: *Ich arbeite als Koch.*
Den **Konjunktiv II** verwendet man, ...
- wenn man ausdrücken möchte, dass eine Sache **unwirklich** (irreal) oder nur vorgestellt ist, z.B.: *Wäre ich Astronautin, ... Hätte ich doch ...*
- wenn man eine Aufforderung **besonders höflich** formulieren möchte, z.B.: *Könntest du mich bitte in der Berufswahl beraten?*

Der Konjunktiv II wird **vom Indikativ Präteritum abgeleitet** und mit der Personalendung des Konjunktivs gebildet, z.B. *ich ging-e, du ging-est, er ging-e, wir ging-en, ihr ging-et, sie ging-en.*
Bei unregelmäßigen Verben werden ***a, o, u*** im Wortstamm zu ***ä, ö, ü,*** z.B.: *er nähme, sie flöge.*

Die *würde*-Ersatzform
- Wenn die **Konjunktiv-II-Form der Präteritumform im Indikativ** entspricht, kann man die *würde*-Ersatzform nehmen, um Missverständnisse zu vermeiden, z.B.: *Sie wechselte gern den Job.* (Konjunktiv II) → *Sie würde gern den Job wechseln.* (*würde*-Ersatzform)
- Wenn die **Konjunktiv-II-Form** als **ungebräuchlich oder unschön** empfunden wird, kann man die *würde*-Ersatzform verwenden, z.B.: *Als Konditor büke ich jeden Tag Kuchen. → Als Konditor würde ich jeden Tag Kuchen backen.*

1 **a Markiere im folgenden Text alle Verbformen im Indikativ orange und alle Verbformen im Konjunktiv II grün.**

Ein Leben ohne Arbeit?

Arbeiten bis 68, 70 oder gar 80? Immer mehr Menschen gehen heute später in Rente und der Anteil der erwerbstätigen Senioren steigt seit Jahren kräftig an. Der Grund: Wir bleiben heute länger fit und die sogenannten Silver Worker werden gebraucht.
Manchmal überlege ich, wie es wäre, wenn wir gar nicht arbeiten würden. Wie viel Zeit hätten wir zur Verfügung! Wir stünden später auf, könnten unsere Schlafanzüge anbehalten und täten den ganzen Tag lang nur das, wozu wir Lust hätten. Welch ein Paradies!
Aber wären wir auf Dauer glücklich oder wäre ein Leben ohne Arbeit nicht auch ein bisschen langweilig? „Viele Menschen fühlen sich in ihren Arbeitsbereichen wohl und schätzen auch den Austausch mit ihren Kolleginnen und Kollegen“, so der Arbeitspsychologe Manfred Nau. „Aber natürlich gibt es auch solche, die weniger arbeiten möchten und bewusst auf Geld und Karriere verzichten, um mehr Freizeit zu haben.“

b Erkläre, warum welche Form verwendet wird.

- In den Zeilen ______ und ______ steht der Indikativ, weil ______

______

- In den Zeilen ______ und ______ steht der Konjunktiv, weil ______

______

c Erkläre, warum in Zeile 5 statt des Konjunktivs II die *würde*-Ersatzform verwendet wurde. Schreibe in dein Heft.

2 **Konjunktiv II oder *würde*-Ersatzform?**
Ergänze die passenden Verbformen. Streiche leer bleibende Lücken durch.
TIPP: Nutze nur in begründeten Fällen die *würde*-Ersatzform.

Man wird ja wohl noch träumen dürfen!

Wenn ich die Möglichkeit hätte (haben), würde ich später gerne als Meeresbiologin ______ (arbeiten). Mein Leben ______ bestimmt so viel aufregender ______ (sein) als jetzt: Als Forscherin ______ ich viel ______ (herumkommen) und ______ zahlreiche Expeditionen in die entlegensten Regionen der Weltmeere ______ (unternehmen). Ich ______ die Ozeane ______ (erkunden) und ______ nach unbekannten Lebewesen ______ (suchen). In der Antarktis ______ ich gewaltige Eisberge ______ (sehen) oder ______ mit Riesenschildkröten am Great Barrier Reef ______ (schwimmen). Ich ______ andere Wissenschaftlerinnen und Wissenschaftler ______ (treffen) und ______ in Fachzeitschriften über meine Forschungsergebnisse (berichten).

⊕ **3** **Vervollständige die folgenden Sätze im richtigen Modus und Tempus.**

Verpasste Chancen

„Ich wüsste nicht, was ich mit meinem Leben ______ (machen), wäre ich nicht Astronaut geworden", erklärt der 85-jährige Ex-NASA-Pilot Russell Louis „Rusty" Schweickart. Auch der Solinger Wolfgang Gösser wäre gern zum Mond geflogen, wenn ihm ein Ohrenarzt nicht irrtümlich einen Riss im Trommelfell ______ (diagnostizieren). Der Chef der Europäischen Raumfahrtorganisation hätte das Gefühl von Schwerelosigkeit niemals selbst erlebt, wenn er Arzt ______ (werden), wie seine Eltern es wollten.

Aktiv und Passiv unterscheiden

Information **Aktiv und Passiv**

- In einem **Aktivsatz** wird der/die **Handelnde** (Täter/-in) ausdrücklich **genannt.**
- In einem **Passivsatz** steht die **Handlung im Vordergrund,** der/die Handelnde (Täter/-in) bleibt meist ungenannt. Man kann den Handelnden auch in einem Passivsatz hinzufügen, und zwar mit den Präpositionen *von* oder *durch.*
  Aktiv: *Einige Besucher hielten die Museumsvorschriften nicht ein.*
  Passiv: *Die Museumsvorschriften wurden (von einigen Besuchern) nicht eingehalten.*
- Bei der Umwandlung eines Aktivsatzes in einen Passivsatz wird das Akkusativobjekt des Aktivsatzes zum **Subjekt** des Passivsatzes, z.B.:
  Aktiv: *Wir suchen das Museum.* Passiv: *Das Museum wird gesucht.*
- Das Passiv wird mit einer Form von ***werden*** und dem **Partizip II (Perfekt)** des Verbs gebildet, z. B.:
  Das Kunstwerk wurde gestohlen.

1 **Unterstreiche in den folgenden Sätzen 1, 4, 5, 7 und 8 jeweils das Akkusativobjekt und forme anschließend die Sätze ins Passiv um.**

Berufe im Dienst der Kunst

1) In den 1970er-Jahren verklagen Anwohner den Schweizer Künstler Dieter Roth. **2)** Der „Picasso des Schimmels“ hatte in Los Angeles seine Installation „Staple Cheese (A Race)“ ausgestellt, die aus mit Käse gefüllten Koffern bestand und natürlich bald von Fliegen und Maden befallen war. **3)** Aber auch in anderen Berufsgruppen geht es manchmal recht künstlerisch zu. **4)** So hat ein Pariser Chocolatier die Berliner Mauer aus Schokolade nachgebaut. **5)** 900 Kilogramm Kakaomasse hat er für die 15 Meter lange Schokomauer verarbeitet. **6)** Noch extravaganter geht es in New York zu. **7)** Hier hat ein Schokoladenhersteller eine ganze Suite aus Pralinen und feinster Schokolade aufgebaut. **8)** Zum Glück hat noch niemand den Schokoladenkamin verwendet.

1) Der Schweizer Künstler Dieter Roth wurde

2 **Formuliere einige deiner Passivsätze aus Aufgabe 1 in Passiv-Ersatzformen um. Schreibe in dein Heft.**

- **Passiv-Ersatzformen** sind Verbformen im Aktiv, bei denen (wie im Passiv) der Handelnde nicht genannt wird, z.B.: *man*-Form (*Man baut …); sich lassen* + Infinitiv (*dies lässt sich …);* Infinitiv mit *zu: (… ist zu erhitzen).*

Das Verb – Konjunktiv und Aktiv/Passiv

1 **Kreuze an, ob die Aussage richtig oder falsch ist. Korrigiere falsche Aussagen in deinem Heft. (4 Punkte)**

	richtig	falsch
A Man verwendet den Indikativ, um unwirkliche (irreale) Sachen auszudrücken.	☐	☐
B In der indirekten Rede verwendet man normalerweise den Konjunktiv I.	☐	☐
C Auch in einem Passivsatz kann der/die Handelnde (Täter/-in) genannt werden.	☐	☐
D In einem Passivsatz wird der/die Handelnde (Täter/-in) nie genannt.	☐	☐

2 **Forme den folgenden Aktivsatz ins Passiv um: (2 Punkte)**
Bei einer Studie befragten Mitarbeiter/-innen der Shell-Studie ca. 2500 Jugendliche nach ihren Jobwünschen.

3 **Gib die folgenden Aussagen in indirekter Rede wieder. Entscheide, ob du den Konjunktiv I oder den Konjunktiv II bzw. die *würde*-Ersatzform verwenden solltest. (4 Punkte)**

A Ein Mitarbeiter der Studie erklärt: „Viele Jugendliche geben als Berufswunsch Tierärztin, Polizistin, Architekt oder Lehrer an."

B Dabei steht die Freude bei der Arbeit mehr im Fokus als die Verdienstmöglichkeiten.

4 **Ergänze entweder die passenden Verbformen im Konjunktiv II oder nutze in begründeten Fällen die *würde*-Ersatzform. Schreibe in dein Heft. (4 Punkte)**

Berufe im Jahr 2040

A Als Urban-Farmer jeden Tag in meinem Dachgarten voller Gemüse (stehen).
B Als Roboter-Berater die Kunden beim Umgang mit ihren Haushaltsrobotern (unterstützen).

Vergleiche deine Ergebnisse mit dem Lösungsheft. Für jede richtige Antwort bekommst du einen Punkt.

☺ 14–11 Punkte	😐 10–7 Punkte	☹ 6–0 Punkte
Gut gemacht!	Gar nicht so schlecht, aber lies dir die Merkkästen auf den Seiten 54 bis 62 noch einmal genau durch.	Arbeite die Seiten 54 bis 62 noch einmal genau durch.

Texte mit Hilfe von Proben überarbeiten

Umstell-, Ersatz-, Weglass-, Erweiterungsprobe

Methode **Proben: Texte überarbeiten**

Die Proben helfen dir, **genauer zu schreiben** und Texte **stilistisch zu verbessern:**

Proben	Anwendungsbereiche	Beispiele
Umstellprobe: Satzglieder umstellen	– Satzanfänge abwechslungsreicher gestalten – am Satzanfang oder Satzende Informationen betonen	*Ich möchte gern mehr über den Beruf des Apothekers erfahren.* *→ Gern möchte ich …*
Ersatzprobe: Wörter/Wortgruppen ersetzen	– Wortwiederholungen vermeiden, genauer formulieren	*Den Beruf des Apothekers finde ich ~~voll~~ sehr interessant.*
Weglassprobe: Überflüssiges streichen	– Texte straffen: Überflüssiges und Wiederholungen vermeiden	*Ich möchte ~~halt~~ gern ~~ein paar~~ Einblicke in Ihre Arbeit bekommen.*
Erweiterungsprobe: Hilfreiches ergänzen	– genauer formulieren	*Ich möchte in der Zeit vom 4. bis zum 16.04. 20xx ein Praktikum in Ihrer Apotheke machen.*

1 **Gestalte die folgenden Satzanfänge aus einem Bewerbungsschreiben abwechslungsreicher. Nutze hierzu die Umstellprobe.**

Ich war in den letzten Wochen mehrfach als Kunde in Ihrer Apotheke. Ich habe dabei erfahren, dass Sie Ihre Kundschaft nicht nur beraten, sondern auch selbst spezielle Salben anfertigen. Ich würde gern im Rahmen eines Schülerpraktikums mehr über den Beruf des Apothekers erfahren.

2 **Überarbeite die folgenden Sätze mit Hilfe der Weglass- und Ersatzprobe. Streiche überflüssige Wörter und Wiederholungen. Ersetze Wörter oder Wortgruppen, die ungenau sind oder die sich wiederholen. Schreibe deine Verbesserungen über die Wörter.**

Ich bin 15 Jahre alt und ich besuche die 9. Klasse des Heinrich-Heine-Gymnasiums in Düsseldorf. Am Heinrich-Heine-Gymnasium nehme ich übrigens seit der 8. Klasse am Differenzierungskurs „Gesundheit" teil. Im Differenzierungskurs habe ich aber auch schon total viel über Krankheiten und auch über die momentan aktuellen Trends im Gesundheitswesen gelernt. Meine Lieblingsfächer sind ja Biologie und natürlich auch Chemie. In meiner Freizeit spiele ich immer Tischtennis und ich spiele manchmal aber auch Badminton.

3 **Die folgenden Sätze aus einem Bewerbungsschreiben sind noch zu ungenau. Überarbeite sie mit Hilfe der Erweiterungsprobe. Nutze den Notizzettel, um nötige Informationen zu ergänzen. Schreibe in dein Heft.**

> Ich möchte in Ihrer Apotheke gern ein Schülerpraktikum absolvieren. Dabei würde ich gern Tätigkeiten in Ihrer Apotheke kennen lernen. Es sollte die Möglichkeit bestehen, dass meine Lehrerin mich besucht.

- verschiedene berufstypische Tätigkeiten
- verschiedene Arbeitsbereiche
- 06.05.–18.05.20.. (zwei Wochen)
- Besuch der Lehrerin in der 2. Praktikumswoche

4 **Kennzeichne im folgenden Bewerbungsschreiben, an welchen Stellen es noch verbessert werden muss. Gehe so vor:**

- **Unterstreiche Satzanfänge, die sich wiederholen und umgestellt werden sollten (Umstellprobe).**
- **Streiche ~~überflüssige Wörter oder Wiederholungen~~ durch (Weglassprobe).**
- **Markiere Wörter oder Wendungen, die ersetzt werden sollten (Ersatzprobe).**
- **Notiere ein V, wenn etwas ergänzt werden muss (Erweiterungsprobe).**

Formuliere im Heft oder am Computer das verbesserte Bewerbungsschreiben. Nutze die Informationen auf dem Notizzettel unten, um nötige Informationen zu ergänzen.

> Sehr geehrter Herr Schirm,
>
> ich interessiere mich sehr für fremde Länder und habe in den Urlauben mit meinen Eltern in den letzten Jahren schon megacoole Reisen ins europäische Ausland unternehmen dürfen. Ich würde daher den Beruf der Tourismuskauffrau gern näher kennen lernen.
> Ich würde aus diesem Grund mein Schülerpraktikum für den Beruf der Tourismuskauffrau gern eben gerade in Ihrem Reisebüro absolvieren.
> Ich bin 15 Jahre alt und besuche die 9. Klasse des Gymnasiums. Meine Lieblingsfächer sind Erdkunde und Spanisch. Als Mitglied der Schülervertretung macht es mir großen Spaß, Projekte zu planen, z.B. einen Spendenlauf. In meiner Freizeit bin ich bei den Pfadfindern aktiv.
>
> Über ein persönliches Vorstellungsgespräch bei Ihnen würde ich mich total freuen.
>
> Mit freundlichen Grüßen
>
> Tim Berger

- Spenden für eine Schule in Togo
- Lessing-Gymnasium
- 05.– 24.02.20.. (drei Wochen)

Zeichensetzung

Das Komma zwischen Sätzen (Satzreihe und Satzgefüge)

Information **Das Komma in Satzreihen und Satzgefügen**

Komma in der Satzreihe

- Eine **Satzreihe** besteht aus zwei oder mehreren **selbstständigen Hauptsätzen,** die durch ein **Komma** voneinander getrennt werden, z. B.:
  Gestern las ich ein Buch über künstliche Intelligenz, es gefiel mir gut.
  Nur vor *und* bzw. *oder* kannst du das Komma weglassen.
- Die Hauptsätze einer Satzreihe werden häufig durch eine **nebenordnende Konjunktion** *(denn, aber, doch, sondern, und, oder)* miteinander verbunden.

Das Komma im Satzgefüge

- Ein **Satzgefüge** besteht aus einem **Hauptsatz** und mindestens einem **Nebensatz.** Der Nebensatz kann vor, zwischen oder nach dem Hauptsatz stehen und muss **immer** durch **Komma(s)** vom Hauptsatz abgetrennt werden, z. B.: *KI ist eine Teilwissenschaft der Informatik, da sie auf der Grundlage von Algorithmen funktioniert.*
- Die meisten Nebensätze werden durch unterordnende Konjunktionen (*obwohl, weil, dass, nachdem* usw.), **Relativpronomen** (*der, die, das, welcher, welche, welches*) oder **Fragepronomen** (*wie, wo, wann* usw. und *ob*) eingeleitet.
- Ein Satzgefüge kann mehrere Nebensätze enthalten. Alle Nebensätze werden mit einem Komma abgetrennt, z. B.: *Roboter funktionieren nur, weil sie mit einer KI ausgestattet werden, die sich aus verschiedenen Algorithmen zusammensetzt.*

1 **In dem folgenden Text fehlen die Kommas bei den Satzreihen. Setze alle verpflichtenden Kommas. Achte auf die nebenordnenden Konjunktionen, die die Hauptsätze verbinden, und markiere sie.**

Vorsicht Fehler!

KI – keine Zukunftsmusik

Bei den Begriffen „Roboter" und „künstliche Intelligenz" denkst du bestimmt an eine ferne Zukunft. Neu ist das Thema jedoch nicht denn KI taucht bereits im Alltag vieler Menschen auf. KI steckt z. B. in Smartphones aber sie ist auch immer häufiger in modernen Häusern anzutreffen. Auch im Auto übernehmen kluge Unterstützungssysteme immer mehr Aufgaben: KI übernimmt schon bald das Einparken und das autonome Fahren im Stau ist heute schon möglich. Sicher fragt ihr euch jetzt nach weiteren konkreten Funktionen der KI. Zum Beispiel ermöglicht die Gesichtserkennung per Kamera das schnelle Entsperren des Smartphones oder der intelligente Wecker ermittelt eure individuell optimale Weckzeit. Schon diese wenigen Beispiele belegen die Verbreitung von KI doch es gibt noch zahlreiche weitere Anwendungen. Man sollte KI jedoch nicht einseitig betrachten sondern man sollte neben den vielen Möglichkeiten auch die Grenzen der KI aufzeigen.

2 **Nebensätze werden durch Kommas vom Hauptsatz getrennt. Setze im folgenden Text alle fehlenden Kommas. Markiere hierzu alle Konjunktionen und Relativpronomen, mit denen die Nebensätze eingeleitet werden, und unterstreiche das Verb am Ende des Nebensatzes.**

Vorsicht Fehler!

KI – ein Definitionsversuch

1 Da selbst Wissenschaftler sich in diesem Punkt nicht einig sind, ist eine genaue Definition der KI schwierig. 2 Sicher ist jedoch dass die KI ein Teilgebiet der Informatik ist. 3 Algorithmen die nichts anderes als Computercodes sind werden so programmiert dass sie eigenständig Aufgaben lösen. 4 Auch komplexere technische Geräte wie Roboter oder VR-Brillen funktionieren nur weil sie auf einer KI basieren die zuvor auf den Geräten installiert wurde. 5 Obwohl diese Form der Intelligenz gut arbeitet bezeichnet man sie da sie auf nur ein Thema oder eine Anwendung begrenzt ist als schwache KI. 6 Eine starke KI die über vergleichbare Fähigkeiten wie das menschliche Gehirn verfügt indem sie selbstständig lernt und sich weiterentwickelt gibt es bisher noch nicht.

3 **Welcher Satzbauplan passt zu welchem Satz aus dem Text? Ordne jedem Satz den richtigen Satzbauplan zu, indem du die Ziffern der Sätze notierst.**

Satzbaupläne	Ziffern der Sätze
___ Ns 1 ___, ___ Hs 1 ___, ___ Ns 2 ___, Hs 1 (Fortsetzung).	___
___ Hs ___, ___ Ns ___.	___
___ Hs ___, Ns 1 ___, ___ Ns 2 ___.	___
___ Hs 1 ___, Ns 1 ___, ___ Hs 1 (Fortsetzung) ___, ___ Ns 2 ___.	___
___ Hs 1 ___, ___ Ns 1 ___, ___ Ns 2 ___, ___ Hs 1 (Fortsetzung).	___
___ Ns ___, ___ Hs ___.	___

Das Komma bei Infinitiv- und Partizipialgruppen

Information **Das Komma bei Infinitiv- und Partizipialgruppen**

Es ist niemals falsch, **Infinitivgruppen** durch ein **Komma** vom Hauptsatz abzutrennen.
Ein **Komma muss stehen,**

- wenn die Infinitivgruppe **durch *um, ohne, statt, anstatt, außer, als* eingeleitet** wird, z. B.: *KI lässt sich sehr gut einsetzen, **um** Datensätze auszuwerten.*
- wenn die Infinitivgruppe **von einem Nomen oder einem hinweisenden Wort wie *dazu, daran, darauf*** oder ***es* im Hauptsatz abhängt,** z. B.: *Die Text-KI dient **dazu,** Journalisten zu entlasten.*

Bei einfachen Infinitiven (*zu* + Infinitiv) kann man das Komma weglassen, sofern dadurch keine Missverständnisse entstehen, z. B.: *Auch KI versucht (,) zu lernen.*

Bei **Partizipialgruppen** darfst du immer ein **Komma** setzen. Ein **Komma muss stehen,**

- wenn durch ein **hinweisendes Wort** auf die Partizipialgruppe Bezug genommen wird, z. B.: *Vor Ort recherchierend, **so** stellt man sich die Arbeit eines Reporters vor.*
- wenn die Partizipialgruppe eine **nachgestellte Erläuterung** ist, z. B.: *Eingesetzt wird hierfür ein spezielle KI, mit besonderen Textkompetenzen ausgestattet.*

1 **a** **Markiere in den folgenden Sätzen den Infinitiv mit *zu* orange und unterstreiche die gesamte Infinitivgruppe. Trenne dann alle Infinitivgruppen durch Komma ab.**

b **Markiere alle typischen Einleitungswörter von Infinitivgruppen und alle hinweisenden Wörter im Hauptsatz grün (▶ Information).**

KI – Einsatz im Journalismus

Um euch die Anwendung von KI im Berufsleben zu verdeutlichen, möchte ich auf ein Beispiel genauer eingehen. KI gelingt es mittlerweile sehr gut große Datenmengen zu analysieren und aufzubereiten. Aus diesem Grund wird sie im Journalismus dazu eingesetzt Textbausteine so zusammenzusetzen, dass kurze Pressetexte zum Wetter oder zu Fußballergebnissen entstehen. Der Versuch die künstlich generierten Meldungen zu erkennen scheitert häufig, da sie sprachlich und inhaltlich bereits ein hohes Niveau erreicht haben. Der sogenannte Roboterjournalismus wird vor allem eingesetzt um Journalisten von einigen Standardarbeiten zu entlasten. Statt Standardtexte zu formulieren können sie sich anspruchsvolleren Aufgaben widmen.

2 **Unterstreiche in dem folgenden Text die Partizipialgruppen und setze die fehlenden Kommas.**
TIPP: Achte darauf, eingeschobene Partizipialgruppen auch am Ende mit einem Komma abzutrennen.

Auf sich allein gestellt begeben sich Journalistinnen und Journalisten in gefährliche Situationen. Wissenschaftler und Ingenieure intensiv an neuer Technik forschend werden vielleicht auch irgendwann einen Roboterjournalisten für riskante Einsätze entwickeln.

Das Komma bei Appositionen und nachgestellten Erläuterungen

Information – **Das Komma bei Appositionen und nachgestellten Erläuterungen**

- Die **Apposition** (Beifügung) beschreibt ihr Bezugswort (meist ein Nomen) näher und steht im gleichen Kasus wie ihr Bezugswort. Die Apposition besteht meist aus einem Nomen (oder einer Nomengruppe) und wird **durch Kommas abgetrennt,** z. B.: *Rolf Drechsler, Informatiker an der Uni Bremen, klärt über die Grenzen des Roboterjournalismus auf.*
- Die **nachgestellte Erläuterung** wird oft mit Wörtern wie *nämlich, und zwar, vor allem, das heißt (d.h.), zum Beispiel (z. B.), etwa* eingeleitet. Sie wird **durch Kommas abgetrennt,** z. B.: *KI kann Journalisten unterstützen, und zwar beim Verfassen von Standardtexten.*

1 Markiere im folgenden Text die Appositionen grün und die nachgestellten Erläuterungen orange. Setze dann alle fehlenden Kommas.
TIPP: Trenne eingeschobene Appositionen und Erläuterungen auch am Ende mit einem Komma ab.

Vorsicht Fehler!

KI – Grenzen der Anwendung

Die Text generierende KI, nämlich in Form eines Softwareprogramms, kann eigenständig Daten auswerten und kurze Nachrichtenmeldungen verfassen z. B. zu Börsenmeldungen. Den Beruf des Journalisten wird die Text generierende KI jedoch nicht gefährden und zwar aus folgendem Grund: Komplexere journalistische Textsorten anschauliche Reportagen oder persönlich wertende Kommentare kann die KI nicht verfassen. Dafür fehlen ihr wesentliche Kompetenzen etwa das Sprachgefühl. Außerdem befolgt sie keine ethischen Richtlinien. Die Richtlinien eine Art moralischer Kompass sind im Journalismus aber unerlässlich.

2 Ergänze den folgenden Text mit den passenden nachgestellten Erläuterungen und Appositionen aus dem Wortspeicher und setze die fehlenden Kommas.

und zwar mit Daten zur Stärke des Erdbebens • der Entwickler des Programms • der „Los Angeles Times“

Der erste computergenerierte Text wurde von einer Tageszeitung ______ veröffentlicht: Im März 2014 erschütterte ein kleines Erdbeben den amerikanischen Bundesstaat Kalifornien. Nur drei Minuten nach diesem Ereignis stellte die „LA Times“ den Artikel online ______ ______. Ken Schwencke ______ taufte es auf den Namen „Quakebot“, was auf Deutsch „Erdbebenroboter“ bedeutet.

3 Ergänze die Sätze durch inhaltlich sinnvolle nachgestellte Erläuterungen. Schreibe in dein Heft.

A Die Text generierende KI wird heute für einfache Nachrichtenmeldungen eingesetzt.
B Komplexere Aufgaben kann sie bisher jedoch noch nicht lösen.

Die Zeichensetzung bei Zitaten

Information **Die Zeichensetzung bei Zitaten**

Wörtlich wiedergegebene Textstellen (Zitate) musst du durch **Anführungszeichen** kennzeichnen. Innerhalb des gekennzeichneten Zitats darf der **Originaltext nicht verändert** werden. **Auslassungen** im Zitat werden durch **[...]** gekennzeichnet. **Geringfügige Änderungen,** z. B. grammatische Anpassungen an den eigenen Text, werden durch **[eckige Klammern]** angezeigt.
Treffen **Punkt, Frage- oder Ausrufezeichen** mit den Anführungszeichen zusammen, stehen die Satzschlusszeichen

- **außerhalb** der Anführungszeichen, wenn sie nicht zu der zitierten Äußerung gehören, z. B.:
  Das von der Software geschriebene Harry-Potter-Kapitel ist „inhaltlich schwach".
  Warum ist diese Software „inhaltlich schwach"?
- **innerhalb** der Anführungszeichen, wenn sie zu der zitierten Äußerung gehören, z. B.:
  „Wie gut sind die KI-Texte?", fragt der Autor des Textes.

Aber: Bei einem angeführten Aussagesatz lässt man den Schlusspunkt am Ende des Zitats weg, wenn er am Anfang oder im Innern des Ganzsatzes steht, z. B.:
Stilistisch ist das ziemlich gut. → „Stilistisch ist das ziemlich gut", erklärt der Vizepräsident.

1 **a** **In den Sätzen 1 und 2 sind die Zitate markiert. Setze die fehlenden Anführungszeichen und die Schlusspunkte an den richtigen Stellen.**
b **In Satz 3 hat sich beim Zitieren ein Fehler eingeschlichen. Streiche den Fehler durch.**

Vorsicht Fehler!

KI – erste literarische Gehversuche

2017 hat ein maschinell verfasstes Harry-Potter-Kapitel für Aufregung gesorgt.
Der Vizepräsident der Frankfurter Buchmesse sagt in unserem Interview:

1 Stilistisch ist das schon ziemlich gut, inhaltlich gibt es noch große Schwächen

2 Sicherlich zeige das Harry-Potter-Beispiel, wie gut das Maschinenlernen funktioniert, wenn es um Stil, Sprache und Syntax geht

3 Sätze wie „Harry riss sich die Augen aus dem Kopf und warf sie tief in den Wald." verdeutlichen dagegen die inhaltlichen Probleme.

4 Man müsse sich also keine „große[n] Sorgen" machen hinsichtlich der „Konkurrenz für [...] Autorinnen und Autoren aus Fleisch und Blut".

c **Erkläre, was die beiden eckigen Klammern in Satz 4 jeweils kennzeichnen. Nutze die Information.**

2 **Setze in dem folgenden Satz die fehlenden Zeichen. Das Zitat ist markiert.**
TIPP: Beachte, dass ein nachgestellter Redebegleitsatz durch ein Komma von der wörtlichen Rede abgetrennt wird.

Müssen wir uns wegen KI Sorgen machen fragt ein Buchmessenbesucher.

Zeichensetzung

1 a Setze die fehlenden Kommas bei den folgenden Sätzen. (5 Punkte)

KI – klug, aber auch glaubwürdig?

1 KI-generierte Nachrichtentexte sind in unserem Alltag angekommen denn Software-Systeme erstellen immer häufiger Standardnachrichten.

2 Laut einer Agentur für Medienwirtschaft haben viele Leserinnen und Leser Zweifel an der Richtigkeit solcher Nachrichten und zwar immerhin 57 %.

3 77 % der Befragten wünschen sich außerdem dass KI-Nachrichten gekennzeichnet werden.

4 Kluge Text-Software kann dennoch dabei helfen Journalistinnen und Journalisten in ihrem Arbeitsalltag zu entlasten.

5 Kommentare persönlich wertende Stellungnahmen dürfen Maschinen ohnehin nicht verfassen.

b Ordne den Sätzen 1 bis 5 die richtigen Zeichensetzungs- und Kommaregeln zu. Schreibe die Ziffern der Sätze hinter die zutreffende Regel. (5 Punkte)

Das Komma trennt eine **Infinitivgruppe** vom Hauptsatz ab. ____________

Eine **Apposition** wird durch Kommas abgetrennt. ____________

Das Komma trennt in der **Satzreihe** zwei selbstständige Hauptsätze. ____________

Das Komma trennt im **Satzgefüge** einen Nebensatz vom Hauptsatz ab. ____________

Eine **nachgestellte Erläuterung** wird durch ein Komma abgetrennt. ____________

2 Setze in dem folgenden Satz alle fehlenden Kommas und weitere fehlende Satzzeichen. Achtung: Bei der markierten Frage handelt es sich um ein Zitat. (5 Punkte)

Wer haftet wenn eine Maschine Fehler macht äußert ein Kritiker der KI.

Überprüfe deine Lösungen mit Hilfe des Lösungshefts. Für jede richtige Lösung bekommst du einen Punkt.

☺ 15–11 Punkte	😐 10–7 Punkte	☹ 6–0 Punkte
Gut gemacht!	Gar nicht schlecht, aber lies dir die Merkkästen auf den Seiten 88–92 noch einmal genau durch.	Arbeite die Seiten 88–92 noch einmal genau durch.

Ich teste meinen Lernstand

Wie kannst du mit der folgenden Einheit arbeiten?

1 Mit dem folgenden Test (▸ S. 94–103) kannst du prüfen, was du im Fach Deutsch schon alles gelernt hast. Du testest verschiedene Bereiche:
- das Verstehen von literarischen Texten und Sachtexten (Aufgaben Teil A),
- Grammatik und Rechtschreibung (Aufgaben Teil B und Teil C) und
- das Schreiben: materialgestützt informieren (Aufgaben Teil D).

2 In dem Test begegnen dir verschiedene Aufgabenarten, z. B.: in einer Auswahl an möglichen Antworten die richtige ankreuzen, Informationen passend zuordnen, Kurzantworten geben, Lückentexte füllen oder zu einem strittigen Thema Stellung nehmen.

3 Du kannst deine Antworten mit Hilfe des Lösungshefts selbst überprüfen und mit Hilfe der erreichten Punktzahl deinen Lernstand bewerten.

A Texte verstehen

Joseph von Eichendorff

Glück (Liedchen) (ca. 1814)

Wie jauchzt meine Seele
Und singet in sich!
Kaum, dass ich's verhehle[1],
So glücklich bin ich.

Rings Menschen sich drehen
Und sprechen gescheut,
Ich kann nichts verstehen,
So fröhlich zerstreut. –

Zu eng wird das Zimmer,
Wie glänzet das Feld,
Die Täler voll Schimmer,
Weit, herrlich die Welt!

Gepresst bricht die Freude
Durch Riegel und Schloss,
Fort über die Heide!
Ach, hätt ich ein Ross! –

Und frag ich und sinn ich,
Wie *so* mir geschehn? –
Mein Liebchen herzinnig,
Das soll ich heut sehn.

1 verhehlen: verschweigen, verbergen

Aufgabe 1

Richtig oder falsch? Kreuze jeweils die richtige Antwort an. /4 Punkte

Im Gedicht „Glück“ geht es um …

	richtig	falsch
A ein lyrisches Ich, das grundlos glücklich ist.	☐	☐
B ein lyrisches Ich, das seine Wiedersehensfreude unterdrückt.	☐	☐
C die Vorfreude auf ein Wiedersehen mit der Geliebten.	☐	☐
D das Glück, das die Natur den Menschen schenkt.	☐	☐

Aufgabe 2

Kreuze die richtige Antwort an: Wo könnte das lyrische Ich sich befinden? /1 Punkt

A ☐ auf dem Rücken eines galoppierenden Pferdes

B ☐ vor der Wohnungstür der Geliebten

C ☐ in einem finsteren Keller

D ☐ auf einem Spaziergang in der Nähe seiner Wohnung

Aufgabe 3

Welches Reimschema liegt vor? Kreuze an. /1 Punkt

A ☐ Kreuzreim

B ☐ Paarreim

C ☐ umarmender Reim

D ☐ Binnenreim

Aufgabe 4

Zwei Schüler deuten das Metrum. Welche Aussage zum Metrum ist korrekt und welcher Deutung stimmst du zu? Begründe deine Entscheidung. /3 Punkte

Anton
Der regelmäßige Jambus betont den Stillstand des lyrischen Ichs. Es ist handlungsunfähig und kann nur darauf warten, dass sich seine Sehnsüchte erfüllen.

Oskar
Mit nur zwei Hebungen pro Vers wirkt das Gedicht insgesamt beschwingt. Das passt zu den Gefühlen des lyrischen Ichs, das am liebsten die Welt umarmen würde.

Felicitas Lachmayr

Machen Glücksratgeber wirklich glücklich?

Im Buchhandel boomt das Segment der Glücksratgeber. Warum die Anleitungen für ein zufriedenes Leben ein Abbild unserer Zeit sind.

1 Jeder wünscht es sich, am liebsten ein Leben lang. Doch glücklich zu sein, scheint ein schwer zu erreichender Zustand. Nicht umsonst stapeln sich in den Buchläden Ratgeber, die die Suche nach dem Glück erleichtern sollen. Die Titel klingen vielversprechend: „So geht glücklich sein", „Glück ist, was du daraus machst", „Glück ist kein Zufall" oder einfach nur „Happy". Die einen werben für ein glückerfülltes Leben im Alter, andere sehen Glück als Herausforderung oder nähern sich ihm ganz analytisch. Die Bandbreite reicht von spirituellen Varianten über pragmatische und medizinische Anleitungen bis hin zu ironischen Annäherungsversuchen.

2 Neu sind solche Anleitungen für ein vermeintlich geglücktes Leben nicht. Schon die Philosophen der Antike suchten nach einer Antwort auf die Frage, was Glück eigentlich ist. Aristoteles verband es mit einer sinnerfüllten Tätigkeit. Epikur sah die Voraussetzung für Glück in der Befreiung von Leid und Schmerz. Mit der Entwicklung des Buchdrucks wuchs der Markt. Das Genre der Ratgeberliteratur verbreitete sich. War die Suche nach dem Glück damals häufig mit einer christlichen Lebensweise verbunden, suchten die Menschen mit dem Beginn der Moderne ihr Glück immer mehr in Reichtum und Erfolg. [...] In den 1980er-Jahren boomte der Markt der Glücksratgeber. Einen ironischen Gegenentwurf lieferte der österreichische Psychologe Paul Watzlawick 1983 mit seiner „Anleitung zum Unglücklichsein". Statt Tipps für ein glückliches Leben zu geben, beschreibt er, wie man sich den Alltag am effektivsten zur Hölle macht.

3 Bis heute sind Glücksratgeber ein Riesengeschäft. Etwa 13 Millionen Euro Umsatz jährlich entfallen nur auf Bücher, die explizit das Wort Glück im Titel führen, schätzt Dagmar Becker-Goethel vom Coppenrath Verlag. Das Thema sei ein Dauerbrenner auf dem Buchmarkt. Wie groß der Anteil an Glücksratgebern ist, lässt sich nicht genau sagen. Nach Angaben des Börsenvereins des Deutschen Buchhandels machen Ratgeber 16,7 Prozent des gesamten Buchmarkts aus. 21,9 Prozent davon entfallen auf Ratgeber aus dem Bereich „Lebenshilfe und Alltag". Besonders beliebt sind Bücher, die „mit den großen Fragen des Lebens jonglieren, den Fragen nach Glück und Harmonie, Sinn und Verstand", heißt es.

4 So unterschiedlich sie sich dem Thema Glück nähern, eines ist vielen Ratgebern gemein. Sie gehen davon aus, dass es dem Leser an Glück mangelt, und geben vor, diese Lücke mit konkreten Gegenmaßnahmen füllen zu können. Vorausgesetzt, der Leser ist bereit, pausenlos an seinem Glück und sich selbst zu arbeiten. „Gib immer dein Bestes", fordern die einen, „Setze dich fünf Minuten zum Meditieren hin", die anderen. Von einer „magischen Leiter zum Erfolg" ist die Rede.

[...] Die Soziologin Stephanie Duttweiler hat Hunderte solcher Ratgeber verglichen und festgestellt: „Glück wird als etwas ausgewiesen, das zwar nicht selbstverständlich, aber für jeden, zu jeder Zeit, an jedem Ort und in jeder Tätigkeit möglich ist – unabhängig von der Existenz oder Nichtexistenz von Ressourcen, Privilegien oder Handicaps der Einzelnen." Jeder kann demnach glücklich werden, solange der Wille zur Selbstoptimierung da ist. Nach Meinung der Expertin deckt sich diese fast unternehmerische Beziehung zu sich selbst mit neoliberalen[1] Entwicklungen unserer Zeit. „Wenn Sozialleistungen abgebaut werden, ist es nur vernünftig, dass Glücksratgeber dazu anleiten, wie man selbst über sein Leben bestimmen kann", sagte Duttweiler in einem Interview.

5 Doch die Voraussetzungen sind nicht für alle Menschen gleich. Wer einen vermeintlich wirksamen Ratgeber liest und nicht glücklicher ist als zuvor, kann sich nur selbst die Schuld für sein Scheitern geben. Der Autor hat es geschafft, wieso kann ich es dann nicht? So manch ein Satz nimmt die Angst vor dem Scheitern schon vorweg: „Wenn Sie nicht durch eine angenehme Persönlichkeit Anziehungskraft auf andere Menschen ausüben, könnte es im schlimmsten Fall passieren, dass Sie an Ihrem Lebenswerk scheitern." Mit solchen Aussagen können die Bücher genau das Gegenteil dessen bewirken, was sie versprechen.

6 Machen Glücksratgeber also in Wirklichkeit eher unglücklich? Nicht unbedingt. Sie erinnern daran, dass man seine Lebenssituation verbessern kann. Das kann motivieren. Doch die meisten Titel versprechen mehr, als sie halten. Denn gäbe es einen Ratgeber, der die Leser wirklich glücklich macht, bräuchte es all die anderen nicht mehr.

1 neoliberal: den Fokus auf die wirtschaftliche Entwicklung legend

Aufgabe 5

Richtig oder falsch? Kreuze an. ☐ /4 Punkte

	richtig	falsch
A Glücksratgeber gehen von einem Glücksdefizit bei ihren Lesern aus.	☐	☐
B Glücksratgeber verlangen keinen persönlichen Einsatz von ihren Lesern.	☐	☐
C Mit Glücksratsgebern finden alle verlässlich ihr Glück.	☐	☐
D Glücksratgeber setzen den Willen zur Selbstoptimierung voraus.	☐	☐

Aufgabe 6

Erkläre in eigenen Worten, weshalb Glücksratgeber auch unglücklich machen können. Beziehe dich dabei auf Absatz 5 des Textes und arbeite im Heft. ☐ /2 Punkte

Aufgabe 7

Welche Funktion erfüllen die Absätze in diesem Artikel? Ergänze die richtigen Absatznummern: Absatz ... ☐ /6 Punkte

☐ belegt anhand von Zahlen den Erfolg von Glücksratgebern auf dem Büchermarkt.

☐ führt ins Thema ein und stellt verschiedene Konzepte von Glücksratgebern vor.

☐ erklärt mit den Worten einer Expertin, was Glücksratgeber versprechen.

☐ weist auf die Gefahren hin, die von Glücksratgebern ausgehen können.

☐ zieht ein Fazit, in dem die Wirksamkeit von Glücksratgebern relativiert wird.

☐ informiert über die Geschichte von Glücksratgebern.

Aufgabe 8

Handelt es sich insgesamt um einen informierenden oder um einen meinungsbildenden bzw. argumentierenden Text? Begründe deine Meinung mit Hilfe von Absatz 6 in deinem Heft. ☐ /2 Punkte

Aufgabe 9

Welche der beiden Grafiken passt zu diesem Artikel? Kreuze an. ☐ /1 Punkt

☐
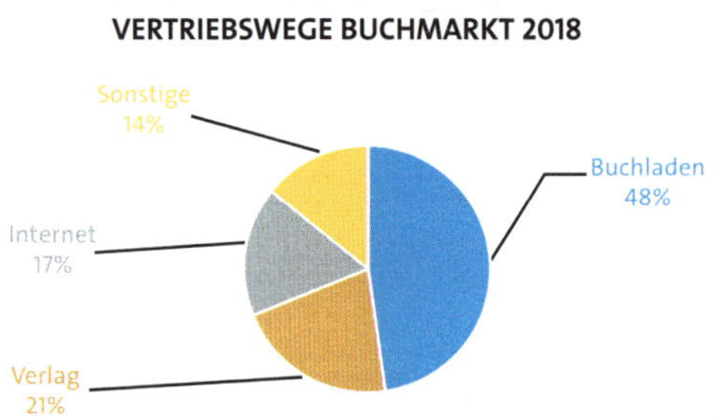

☐
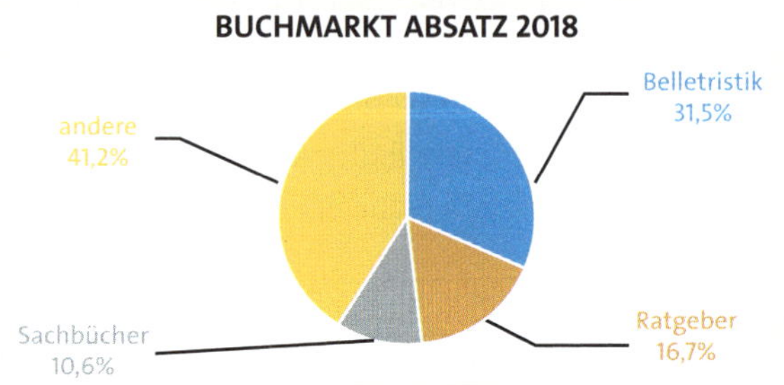

Aufgabe 10

a Betrachte das Kreisdiagramm. Entscheide dann, ob die folgenden Aussagen richtig oder falsch sind. Kreuze an. ☐ /4 Punkte

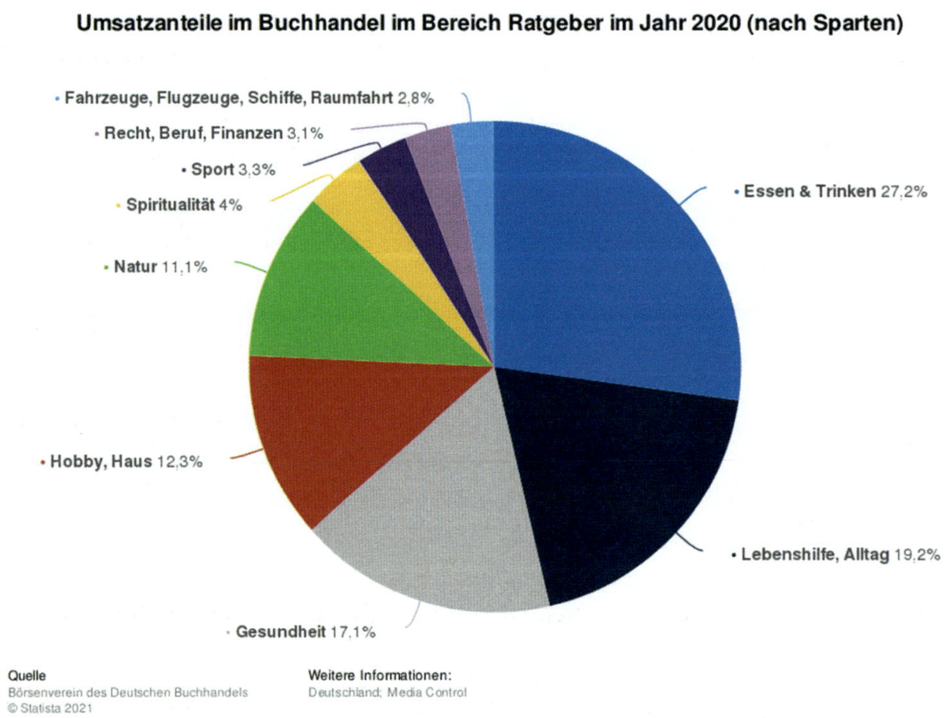

		richtig	falsch
A	Am häufigsten werden Ratgeber aus dem Bereich Essen und Trinken gekauft.	☐	☐
B	Ratgeber zur Gesundheit werden seltener gekauft als Natur-Ratgeber.	☐	☐
C	Lebenshilfe-Ratgeber spielen im Ratgebermarkt nur eine kleine Rolle.	☐	☐
D	Die drei umsatzstärksten Bereiche teilen sich mehr als 60 Prozent des Marktes. ...	☐	☐

b Notiere den Absatz, auf den sich das Kreisdiagramm beziehen lässt, im Heft. ☐ /1 Punkt

B Grammatik

Aufgabe 11

Präpositionen bestimmen den Kasus des folgenden Worts oder der folgenden Wortgruppe.

a Schreibe die Wortgruppen in Klammern im richtigen Kasus in die Lücken. ☐ /10 Punkte

b Markiere den Kasus der eingesetzten Wortgruppen:
Genitiv = orange, Dativ = blau, Akkusativ = grün. (6 Punkte) ☐ /10 Punkte

Mathe, Deutsch – und Glück? In ______________________ (einige Bundesländer) steht das Schulfach Glück auf ______________________ (der reguläre Stundenplan). Dazu ist es aufgrund ______________________ (eine Initiative) des ehemaligen Schuldirektors Ernst Fritz-Schubert gekommen, der „Glück“ bereits 2007 als Wahlfach an ______________________ (seine Schule) einführte. Inzwischen gibt es mehr als 100 Schulen in Deutschland, die von ______________________ (das kluge Konzept) überzeugt sind. Kernanliegen des Fachs ist es, Schülerinnen und Schülern dabei zu helfen, mit ______________________ (ihre Gefühle) umzugehen sowie sie jenseits ______________________ (die üblichen schulischen Anforderungen) bei ______________________ (die selbstständige Umsetzung) ihrer Lebensziele zu unterstützen. Es geht im Glücksunterricht jedoch nicht nur um ______________ (Strategien) für ______________________ (ein glückliches Leben), sondern unter anderem auch um die Vermittlung aktueller Ergebnisse aus ______________________ (die Glücksforschung), die Glücklichsein im Kontext von Psychologie sowie Neurowissenschaften untersucht.

Aufgabe 12

Forme in dem folgenden Satzgefüge den Nebensatz ins Passiv um, damit die Handlung im Vordergrund steht. Arbeite im Heft. ☐ /2 Punkte

Schulen berichten, dass Schülerinnen und Schüler häufig „Glück“ als Fach wählen.

Aufgabe 13

Gib die folgende Aussage einer Schülerin in der indirekten Rede wieder. Nutze dafür den Konjunktiv I und formuliere auch einen Redebegleitsatz. Arbeite im Heft. /2 Punkte

Schülerin: „Wenn man in der Schule etwas über Glück lernt, ist man besser auf das Leben vorbereitet."

Aufgabe 14

Verbinde die Sätze zu Satzgefügen. Verdeutliche dabei durch das Plusquamperfekt und geeignete Konjunktionen den zeitlichen Ablauf. /2 Punkte
TIPP: Nutze – falls nötig – die Ersatzprobe, um Wiederholungen zu vermeiden.

A Die Lehrkräfte besuchten eine Fortbildung zum Thema „Glück" als Unterrichtsfach. Die Schülerinnen und Schüler konnten das Fach wählen.

B Die Jugendlichen übertrugen philosophische Glückskonzepte auf ihr eigenes Leben. Die Jugendlichen erarbeiteten sich philosophische Glückskonzepte im Unterricht.

Aufgabe 15

a Bilde im Heft aus den kurzen Hauptsätzen A–C jeweils ein Satzgefüge mit einem Adverbialsatz. /3 Punkte
Nutze dazu die folgenden Konjunktionen sinnvoll:

bis obwohl weil

A Laut Studien ist Glück ein sinnvolles Fach. Die Jugendlichen entwickeln Selbstvertrauen.

B An den meisten Schulen wird das Wahlfach „Glück" angeboten. Einige Zeit dürfte noch vergehen.

C Die Jugendlichen besuchen die Glücks-AG gern. Sie haben einen vollen Stundenplan.

b Markiere die Adverbialsätze in deinem Heft wie folgt: /3 Punkte
Konzessivsatz = blau, Kausalsatz = gelb und Temporalsatz = grün.

C Rechtschreibung

Aufgabe 16

Innerhalb der Glücks-AG des Goethe-Gymnasiums möchte eine Projektgruppe über das Thema „Was Kinder glücklich macht“ informieren. /12 Punkte
Der erste Entwurf für ihren Informationstext enthält noch einige Fehler.
Unterstreiche die falsch geschriebenen Wörter und notiere die Verbesserung in der Randspalte.

Was Kinder glücklich macht

Wenn Kinder das sagen hätten würden das lästige Zimmeraufräumen und das frühzeitige schlafen gehen bald ein Endefinden. Aber auch trotz dieser kleinen Ärgernisse lässt sich dank einer Umfrage etwas sehr erfreuliches fest halten: 86 % der befragten Kinder im Alter von sechs bis zwölf Jahren beschreiben sich als fröhlich und ausgeglichen. Auch wenn sie materielle Dinge zu schätzenwissen sind Freunde für sie die zentrale Glücksquelle. Ebenfalls entscheidend für ihr Glücksgefühl ist das empfinden genug Freizeit zu haben. Spielzeug steht erst an dritter Stelle im Glücksranking während Computerspiele sich weitabgeschlagen wieder finden. Ein weiteres Ergebnis der Umfrage bestätigt dass das Glück der Kinder entscheidend mit dem Familienleben zusammen hängt. Liebe Anerkennung Unterstützung sowie gemeinsame Unternehmungen werden als Glücksbringer benannt. Nicht neu aber erstmals wissenschaftlich unter mauert ist dass ein Übermaß an Hausaufgaben keinen Beitrag zum Wohl befinden der Kinder leistet.

Aufgabe 17

Im Text fehlen alle Kommas. Ergänze sie. /9 Punkte

D Schreiben – Materialgestützt informieren

Aufgabe 18

In eurer Glücks-AG erarbeitet ihr das Thema „Glücksgefühle durch das Smartphone – Ursachen, Gefahren und Gegenmittel“. Verfasse mit Hilfe der Materialien (M1–M4) für deinen Klassenblog einen Informationstext zum Thema. Gehe so vor:

/ 25 Punkte

- Erkläre, wodurch Smartphones Glücksgefühle erzeugen und wie viele junge Leute diese Glücksgefühle haben.
- Erläutere Gefahren einer übermäßigen Smartphone-Nutzung.
- Stelle zwei Strategien vor, mit deren Hilfe sich der Smartphone-Gebrauch einschränken lässt.

M1

WDR – Neun ½

Smartphone-Sucht

Unsere Smartphones sind unsere ständigen Begleiter. Sie sind superpraktisch, echte Alleskönner und der direkte Draht zu unseren Freunden. Allerdings sind sie auch ganz schöne Zeitfresser, denn oft können wir die Finger einfach nicht davonlassen. Wissenschaftler der Universität Bonn haben herausgefunden, dass 17- bis 25-Jährige den Bildschirm ihres Smartphones täglich etwa einhundert Mal einschalten und insgesamt drei Stunden am Handy hängen. Die meiste Zeit kosten Social-Media-Apps wie WhatsApp, Instagram oder Snapchat. [...] Das Smartphone ist für unser Gehirn wie ein kleiner Spielautomat. Wir erhoffen uns bei jedem Draufschauen eine Belohnung, sei es in Form von Nachrichten oder Posts. Mit jedem Entriegeln entfachen wir in unserem Gehirn Glücksgefühle. Die entstehen nicht nur, wenn wir eine neue Nachricht entdeckt haben, sondern auch schon davor – eben weil wir uns schon allein über die Möglichkeit freuen, dass wir vielleicht eine neue Nachricht bekommen haben könnten. Von diesen Glücksgefühlen wollen wir mehr, also nehmen wir unser Smartphone immer wieder in die Hand. Handysucht ist keine Erkrankung, die von Wissenschaftlern offiziell anerkannt ist. Allerdings ist bekannt, dass der Umgang mit Smartphones Verhaltensweisen hervorrufen kann, die denen von Süchtigen sehr ähneln. Manche Nutzer fühlen sich zum Beispiel sofort unwohl oder reagieren sogar gereizt, wenn sie das Handy mal nicht dabeihaben, sie bekommen Entzugserscheinungen. Auch wenn wir unsere täglichen Aufgaben oder unsere Familie und Freunde vernachlässigen und stattdessen lieber Zeit am Smartphone verbringen, kann das ein erstes Anzeichen für ein suchtähnliches Verhalten sein. Aber erst wenn mehrere solcher Punkte zusammenkommen, muss man sich tatsächlich Sorgen um sein Nutzungsverhalten machen. Trotzdem sollte man immer im Auge behalten, welche Rolle das Smartphone im eigenen Leben spielt.

M2

Eugen Epp

Tipps gegen den Smartphone-Reflex

Experten wie Forscher Roberts von der Baylor University in Nebraska oder die „Mobilsicher“-Initiative raten [...] dazu, gewisse handyfreie Zonen und Zeiten im Alltag einzurichten. Wer sich durch die ständige Online-Anzeige in Apps wie WhatsApp dazu genötigt fühlt, permanent erreichbar sein zu müssen, kann diese ausschalten, wenn die App das zulässt. Mit Apps wie „Menthal“ oder „Space“ lässt sich überprüfen, wie oft man sein Smartphone aktiviert hat, welche Apps man besonders häufig nutzt und wie viel Zeit man am Handy verbringt. Bei manchen Smartphones erscheint auch unaufgefordert ein Wochenbericht, der uns die durchschnittliche Online-Zeit pro Tag vor Augen führt. Sollte selbst das alles nicht helfen, empfiehlt Roberts die Rückkehr zum *dumb phone,* dem altmodischen Tastentelefon ohne Internetzugang.

M3

Sonja Kolonko

Der Newsfeed kennt kein Ende

Wer kennt das nicht: Eigentlich wollte man nur mal kurz auf dem Handy was nachschauen – und dann legt man es erst eine Stunde später aus der Hand. Immer mehr Menschen verbringen ihre Zeit mit sozialen Medien, auf Plattformen wie Facebook, Instagram, Snapchat oder WhatsApp. Forscher sagen: Meistens geschieht das nicht aus Langeweile, sondern weil wir geradezu verführt werden. Den Anfang machte Facebook: Vor zehn Jahren erfand das Unternehmen den nach oben gestreckten Daumen. Damit können Nutzer ausdrücken, dass ihnen ein Beitrag gefällt. Der Psychologe Christian Montag sagt: „LIKES sind nichts anderes als eine Form sozialer Aufmerksamkeit, und die aktiviert das Belohnungszentrum im Gehirn." Ob eine nach unten endlos fortlaufende Seite mit immer neuen Nachrichten oder das automatische Weiterleiten zum nächsten YouTube-Clip – „solche nicht endenden Angebote überfordern unsere Psyche", sagt Psychologe Christian Montag. Unser Alltag sei normalerweise dadurch gekennzeichnet, dass Tätigkeiten einen Anfang und ein Ende haben. Wir bringen gerne Dinge zu Ende. Doch auf den Social-Media-Plattformen gibt es plötzlich kein Ende mehr. Bei YouTube oder Netflix startet sofort das nächste Video, Facebook findet immer noch eine Nachricht, noch ein Bild, das wir noch nicht kennen, und so bleiben wir meist viel länger auf den Plattformen, als wir eigentlich vorhatten. Was also tun, wenn wir von allein kein Ende beim Surfen finden? Psychologe Christian Montag rät dazu, sich zur Not mit Sicherungs-Apps wie zum Beispiel „screen time" selbst ein Limit zu setzen. Damit kann man genau festlegen, wie viel Zeit man pro Tag auf diesen Plattformen verbringen „darf" – dann wird sie gesperrt.

M4

Grafik

Studie des Instituts für Vertrauen und Sicherheit im Internet (DIVSI) bei 14–24-Jährigen.

Deutschbuch

Gymnasium

Autoren- und Quellenverzeichnis

S. 6: Schaffner, Sebastian: Autonomes Fahren: Experte hält Roboterautos für eine gute Idee [04.02.2019] (gekürzt). Nach: HNA.de. Verfügbar unter: https://www.hna.de/lokales/rotenburg-bebra/rotenburg-fulda-ort305317/autonomes-fahren-experte-haelt-roboter-busse-hessentag-gute-idee-11723972.html. **S. 8:** Bartholdi, Martin A.: Vertrauen wir dem Roboterauto? [04.03.2021] (gekürzt). Nach: Blick.de. Verfügbar unter: https://www.blick.ch/auto/news_n_trends/vertrauen-wir-dem-roboterauto-wir-wollen-die-kontrolle-behalten-id16376587.html. **S. 20:** Simon, Violetta: Holt euch euren Körper zurück! [01.04.2018] (gekürzt). Nach: Süddeutsche Zeitung. Verfügbar unter: https://www.sueddeutsche.de/stil/schoenheit-holt-euch-euren-koerper-zurueck-1.3916276. **S. 24:** Karsten, Nele Sophie: Retuschierte Fotos kennzeichnen [05.08.2021] (gekürzt). Nach: taz. Verfügbar unter: https://taz.de/Neues-Gesetz-in-Norwegen/!5786531/. **S. 26:** Weiss, Maurice: „Wir können uns vor den Bilderwelten nicht verschließen" [10.10.2017] (gekürzt). Nach: Deutschlandfunk Kultur. Verfügbar unter: https://www.deutschlandfunkkultur.de/kennzeichnungspflicht-fuer-bearbeitete-bilder-in-frankreich.2156.de.html?dram:article_id=397877. **S. 31:** Franck, Julia: Die Streuselschnecke. In: Bauchlandung: Geschichten zum Anfassen. Fischer, München 2000, S. 44f. **S. 36:** Kästner, Erich: Er weiß nicht, ob er sie liebt. In: Doktor Erich Kästners Lyrische Hausapotheke. Atrium, Zürich 1929. **S. 40–41:** Dürrenmatt, Friedrich: Die Physiker. Eine Komödie in zwei Akten. Neufassung 1980 (Auszug). In: ebd.: Werkausgabe in 27 Bänden, Band 7. Zürich, Diogenes Verlag AG 1998. **S. 46–47:** Bartels, Gerrit: Die Buchbranche steckt in einer existentiellen Krise [10.10.2018] (gekürzt). Nach: Tagesspiegel. Verfügbar unter: https://www.tagesspiegel.de/kultur/frankfurter-buchmesse-die-buchbranche-steckt-in-einer-existenziellen-krise/23167018.html. **S. 94:** Eichendorff, Joseph von: Glück (Liedchen) [1814]. In: Gedichte. Deutscher Klassiker Verlag, 2006. **S. 96–97:** Lachmayr, Felicitas: Machen Glücksratgeber wirklich glücklich? [25.11.2018] (gekürzt) Nach: Augsburger Allgemeine. Verfügbar unter: https://www.augsburger-allgemeine.de/kultur/Machen-Gluecksratgeber-wirklich-gluecklich-id52770116.html. **S. 98:** Weidenbach, Bernhard: Umsatzanteile im Buchhandel im Bereich Ratgeber im Jahr 2020. Nach: Statista. Verfügbar unter: https://de.statista.com/statistik/daten/studie/201623/umfrage/umsatzanteile-ratgeber-im-buchhandel-nach-sparten/. **S. 102:** WDR – Neun ½: Smartphone-Sucht [2016] (gekürzt). Nach: WDR. Verfügbar unter: https://kinder.wdr.de/tv/neuneinhalb/mehrwissen/lexikon/s/lexikon-smartphonesucht100.html. **S. 102:** Epp, Eugen: Tipps gegen den Smartphone-Reflex [29.01.2019] (verkürzt und verändert). Nach: Stern (Online). Verfügbar unter: https://www.stern.de/neon/herz/psyche-gesundheit/handysucht--mein-smartphone-kaempft-gegen-mich-und-ich-gegen-mein-smartphone-8553568.html. **S. 103:** Kolonko, Sonja: Der Newsfeed hat kein Ende [13.04.2019] (gekürzt). Nach: ARD „W wie Wissen". Verfügbar unter: https://www.daserste.de/information/wissen-kultur/w-wie-wissen/die-tricks-der-sozialen-medien-100.html. **S. 103:** Brandt, Mathias: Always on und glücklich? [17.12.2018]. Nach: Statista. Verfügbar unter: https://de.statista.com/infografik/16439/internetnutzung-von-jungen-menschen-in-deutschland/.

Bildquellenverzeichnis

S. 9 Bitkom Research 2015, S. 15 Shutterstock.com/Krakenimages.com; S. 16 v.l.n.r. Shutterstock.com/red13fotostudio, Shutterstock.com/Alfred Gruener, Shutterstock.com/pikselstock; S. 24 Shutterstock.com/Maksim Toome; S. 25 o. Shutterstock.com/Vladimir Gjorgiev; S. 25 u. Quelle: EARSandEYES GmbH, Statista 2020; S. 98 m. Statista 2021; S. 103 Statista

Redaktion: Sophia Bock, Dirk Held, Kirsten Krause, Juliane Paar

Illustrationen:
Nils Fliegner, Hamburg: S. 18–22; 26–29; 52–71
Christiane Grauert, Milwaukee (USA): S. 4–8; 11–13; 16 (oben); 17; 31–51; 94
Uta Bettzieche, Leipzig: S. 74–93

Umschlaggestaltung: Corinna Babylon und Jule Kienecker (Berlin) unter Verwendung eines Fotos von Shutterstock/KsanaGraphica und einer Illustration von Christiane Grauert (Milwaukee/USA)

Layout: werkstatt für gebrauchsgrafik, Berlin
Technische Umsetzung: Straive

www.cornelsen.de

Druckerei: Parzeller print & media GmbH & Co. KG, Fulda

Ausgabe ohne interaktive Übungen

1. Auflage, 1. Druck 2022
ISBN 978-3-06-205238-5 (Allgemeine Ausgabe)

1. Auflage, 1. Druck 2022
ISBN 978-3-06-205297-2 (Nordrhein-Westfalen)

Ausgabe mit interaktiven Übungen

1. Auflage, 1. Druck 2022
ISBN 978-3-06-205244-6 (Allgemeine Ausgabe)

1. Auflage, 1. Druck 2022
ISBN 978-3-06-205301-6 (Nordrhein-Westfalen)

PEFC
PEFC/04-31-1308

PEFC zertifiziert
Dieses Produkt stammt aus nachhaltig bewirtschafteten Wäldern und kontrollierten Quellen.
www.pefc.de